D1706032

EUL
VERLAG

EINZELSCHRIFTEN

Heiko Koepke

Unternehmenswertorientierte Steuerungs- und Vergütungssysteme – Konzeption und Synchronisation des Performancecontrollings im Kontext der Corporate Governance

Lohmar – Köln 2016 • 568 S. • € 92,- (D) • ISBN 978-3-8441-0479-0

Amaliny Yoganathan-Hasselbeck

Vergabe von Patentlizenzen an ausländische Patentverletzer – Eine empirische Analyse auf Grundlage der Transaktionskostentheorie

Lohmar – Köln 2016 • 256 S. • € 62,- (D) • ISBN 978-3-8441-0485-1

Benjamin Brucker

Gesellschafterkontenabgrenzung einer inländischen Personenhandelsgesellschaft und deren Bedeutung in ausgewählten ertragsteuerlichen Normen

Lohmar – Köln 2016 • 348 S. • € 70,- (D) • ISBN 978-3-8441-0488-2

Christian Dienes

On the Behaviour and Attitudes of Firms and Individuals Towards Resource Efficiency and Climate Change Mitigation

Lohmar – Köln 2016 • 124 S. • € 48,- (D) • ISBN 978-3-8441-0493-6

Murat Aksu

Das Vertrauen der Kunden als Wettbewerbsvorteil einer Bank

Lohmar – Köln 2017 • 252 S. • € 62,- (D) • ISBN 978-3-8441-0494-3

Andreas Förster

Kapitalmarktfriktionen und Konjunkturschwankungen

Lohmar – Köln 2017 • 88 S. • € 44,- (D) • ISBN 978-3-8441-0497-4

Ege-Aksel Kilincsoy

Einkommenstheorien im deutschen Einkommensteuerrecht – Reinvermögenszugangstheorie, Quellentheorie, Markteinkommenstheorie

Lohmar – Köln 2017 • 112 S. • € 48,- (D) • ISBN 978-3-8441-0501-8

JOSEF EUL VERLAG

Ege-Aksel Kilincsoy

Einkommenstheorien im deutschen Einkommensteuerrecht

Reinvermögenszugangstheorie, Quellentheorie, Markteinkommenstheorie

Mit einem Geleitwort von Prof. Dr. Franz Jürgen Marx, Universität Bremen

Bibliografische Information der Deutschen Nationalbibliothek

Die Deutsche Nationalbibliothek verzeichnet diese Publikation in der Deutschen Nationalbibliografie; detaillierte bibliografische Daten sind im Internet über <http://dnb.d-nb.de> abrufbar.

ISBN 978-3-8441-0501-8
1. Auflage März 2017

JOSEF EUL VERLAG GmbH
Brandsberg 6
53797 Lohmar
Tel.: 0 22 05 / 90 10 6-80
Fax: 0 22 05 / 90 10 6-88
E-Mail: info@eul-verlag.de
http://www.eul-verlag.de

Bei der Herstellung unserer Bücher möchten wir die Umwelt schonen. Dieses Buch ist daher auf säurefreiem, 100% chlorfrei gebleichtem, alterungsbeständigem Papier nach DIN 6738 gedruckt.

GELEITWORT

Die Einkommensteuer erfasst als Subjektsteuer das von natürlichen Personen innerhalb eines Besteuerungsabschnitts erwirtschaftete Einkommen. Der Umfang der Besteuerung wird im heutigen Einkommensteuergesetz durch § 2 Abs. 1 bestimmt, der sieben Einkunftsarten aufführt, die den Steuerpflichtigen während seiner unbeschränkten Einkommensteuerpflicht weltweit oder als inländische Einkünfte während seiner beschränkten Einkommensteuerpflicht betreffen.

Mit der Quellentheorie und der Reinvermögenszugangstheorie haben zwei Einkommenstheorien die Entwicklung der Einkommensteuergesetze ursprünglich maßgeblich beeinflusst, wobei eine Entwicklung vom Preußischen Einkommensteuergesetz 1891 über das Reichseinkommensteuergesetz von 1920 bis zum Reichseinkommensteuergesetz 1925 gezeichnet werden kann. Die damals geführte Diskussion über eine gerechte, insbesondere der Leistungsfähigkeit der Steuerpflichtigen in höherem Maße entsprechende Verteilung der Steuerlast unter den Steuerpflichtigen wirkt bis in die heutige Zeit fort. Wird von der schedulenartigen Abtrennung der Einkünfte aus Kapitalvermögen abgesehen, hat der Gesetzgeber in den letzten Dekaden den Einkommensteuertatbestand keiner systematischen, theoriegeleiteten Revision unterzogen. Hier setzt die Untersuchung von Herrn Kilincsoy an. Im Rahmen eines systematisch-analytischen Vorgehens werden vorliegende Einkommenstheorien im Hinblick auf ihre Eignung überprüft, um den geltenden Tatbestand des deutschen Einkommensteuergesetzes erklären zu können. Dabei wird auch das Markteinkommenskonzept als zieladäquate Ausgestaltungsmöglichkeit der Einkommensteuer vorgestellt. Die beachtliche Erklärungskraft des Konzepts zur Bestimmung des Steuergegenstands wird klar herausgearbeitet. Zentrale Bedeutung hat dabei die Abgrenzung des Marktbegriffes.

Die Untersuchung gibt wertvolle Impulse zur Weiterentwicklung des Einkommensteuergesetzes in Richtung einer durchgängig auf das Markteinkommenskonzept konzipierten Bemessungsgrundlage. Ich wünsche der Arbeit eine gute Verbreitung.

Bremen, im Februar 2017 Prof. Dr. Franz Jürgen Marx

VORWORT

Die folgende Arbeit wurde in ähnlicher Form und unter ähnlichem Titel vom Lehrstuhl für Betriebliche Steuerlehre und Wirtschaftsprüfung der Universität Bremen als Masterarbeit angenommen.

Besonderer Dank gilt meinem akademischen Lehrer und Erstprüfer Herrn Prof. Dr. Franz Jürgen Marx für die Begeisterung in der Lehre, der persönlichen Betreuung und insbesondere für die Anregung zur Bearbeitung dieses Themas. Herrn Prof. Dr. Christoph Löffler möchte ich für die Übernahme der Zweitkorrektur danken.

Entstehen konnte die Arbeit nur dank der Unterstützung meiner Familie. Ihr sei diese Arbeit gewidmet.

Bremen, im Februar 2017 — Ege-Aksel Kilincsoy

INHALTSVERZEICHNIS

INHALTSVERZEICHNIS IX
ABBILDUNGSVERZEICHNIS XI
ABKÜRZUNGSVERZEICHNIS XIII
1 Problemstellung, Zielsetzung und Gang der Untersuchung 1
2 Der Steuergegenstand im geltenden Einkommensteuerrecht 5
2.1 Wesen des Einkünftekatalogs 5
2.2 Merkmale und Formen des Wirtschaftens 9
2.3 Merkmale und Formen wirtschaftlicher Güter 14
3 Einkommen als Maßgröße steuerlicher Leistungsfähigkeit 19
3.1 Gleichmäßigkeit der Besteuerung 19
3.2 Entscheidungswirkungen der Besteuerung 23
3.3 Bezugsgrößen steuerlicher Leistungsfähigkeit 28
4 Einkommenstheorien und -konzepte 33
4.1 Quellentheorie 33
4.2 Reinvermögenszugangstheorie und Reinvermögenszuwachstheorie 38
4.3 Variationen einer Reinvermögenszugangs- oder -zuwachstheorie 43
4.4 Markteinkommenstheorie 49
5 Markteinkommenskonzept als zieladäquate Ausgestaltungsmöglichkeit der Einkommensteuer 55
5.1 Marktbegriff und Markteinkommen 55
5.2 Markteinkommen und Einkunftsarten 58
6 Fazit 61
LITERATURVERZEICHNIS 63
VERZEICHNIS DER GESETZE 93
ENTSCHEIDUNGSREGISTER 95

ABBILDUNGSVERZEICHNIS

Abbildung 1: Handlungen und Güter als Gegenstand der Einkommensteuer............18

ABKÜRZUNGSVERZEICHNIS

A&A	=	Antike und Abendland (Zeitschrift)
a. A.	=	anderer Ansicht
a. F.	=	alte Fassung
Abs.	=	Absatz
AcP	=	Archiv für die civilistische Praxis (Zeitschrift)
AER	=	The American Economic Review (Zeitschrift)
AO	=	Abgabenordnung
ARSP	=	Archiv für Rechts- und Sozialphilosophie (Zeitschrift)
Art.	=	Artikel
Aufl.	=	Auflage
ausf.	=	ausführlich
BB	=	Betriebs-Berater (Zeitschrift)
BBK	=	Buchführung, Bilanzierung, Kostenrechnung (Zeitschrift)
BFH	=	Bundesfinanzhof
BFuP	=	Betriebswirtschaftliche Forschung und Praxis (Zeitschrift)
BGBl	=	Bundesgesetzblatt (Zeitschrift)
bspw.	=	beispielsweise
BStBl	=	Bundessteuerblatt (Zeitschrift)
BuW	=	Betrieb und Wirtschaft (Zeitschrift)
BVerfG	=	Bundesverfassungsgericht
BVerfGE	=	Entscheidungen des Bundesverfassungsgerichts (Zeitschrift)
bzw.	=	beziehungsweise
DB	=	Der Betrieb (Zeitschrift)
DBW	=	Die Betriebswirtschaft (Zeitschrift)
DStJG	=	Deutsche Steuerjuristische Gesellschaft
DStR	=	Deutsches Steuerrecht (Zeitschrift)
DStR-Beih.	=	DStR-Beihefter (Zeitschrift)
DStZ	=	Deutsche Steuer-Zeitung (Zeitschrift)

DU	=	Die Unternehmung (Zeitschrift)
EdBWL	=	Enzyklopädie der Betriebswirtschaftslehre
Einf.	=	Einführung
ErbSt	=	Erbschaftsteuer
EStG	=	Einkommensteuergesetz
et al.	=	et alii
FG	=	Festgabe
FinArch	=	Finanzarchiv (Zeitschrift)
FiWi	=	Finanzwirtschaft (Zeitschrift)
FR	=	Finanz-Rundschau (Zeitschrift)
FS	=	Festschrift
GewStG	=	Gewerbesteuergesetz
GG	=	Grundgesetz
GS	=	Gedächtnisschrift/Gedenkschrift
HLR	=	Harvard Law Review (Zeitschrift)
hrsg. v.	=	herausgegeben von
ifst	=	Institut für Finanzen und Steuern
insb.	=	insbesondere
JB. F. Sozialwiss.	=	Jahrbuch für Sozialwissenschaft (Zeitschrift)
JfNuS	=	Jahrbücher für Nationalökonomie und Statistik (Zeitschrift)
JGPS	=	Journal for General Philosophy of Science / Zeitschrift für allgemeine Wissenschaftstheorie (Zeitschrift)
JOIE	=	Journal of Institutional Economics (Zeitschrift)
JPE	=	Journal of Public Economics (Zeitschrift)
JZ	=	JuristenZeitung (Zeitschrift)

krit.	=	kritisch
ME	=	Modern Economy (Zeitschrift)
MIR	=	Management International Review (Zeitschrift)
NJW	=	Neue Juristische Wochenschrift (Zeitschrift)
Nr.	=	Nummer
NTJ	=	National Tax Journal (Zeitschrift)
ORDO	=	Jahrbuch für die Ordnung von Wirtschaft und Gesellschaft (Zeitschrift)
PSQ	=	Political Science Quarterly (Zeitschrift)
PWP	=	Perspektiven der Wirtschaftspolitik (Zeitschrift)
RevSocEcon	=	Review of Social Economy (Zeitschrift)
RIdP	=	Revue Internationale de Philosophie (Zeitschrift)
Rn.	=	Randnummer
Rz.	=	Randziffer
S.	=	Seite(n)
Schmjb	=	Schmollers Jahrbuch (Zeitschrift)
SJES	=	Swiss Journal of Economics and Statistics (Zeitschrift)
sog.	=	sogenannt
SozW	=	Soziale Welt (Zeitschrift)
Stbg	=	Die Steuerberatung (Zeitschrift)
StuB	=	Unternehmensteuern und Bilanzen (Zeitschrift)
StuW	=	Steuer und Wirtschaft (Zeitschrift)
TLR	=	Tax Law Review (Zeitschrift)
TRES	=	The Review of Economic Studies (Zeitschrift)
Ubg	=	Die Unternehmensbesteuerung (Zeitschrift)

vgl.	=	vergleiche
WiSt	=	Wirtschaftswissenschaftliches Studium (Zeitschrift)
WWA	=	Weltwirtschaftliches Archiv (Zeitschrift)
YLR	=	Yale Law Review (Zeitschrift)
ZfB	=	Zeitschrift für Betriebswirtschaft (Zeitschrift)
zfbf	=	Zeitschrift für betriebswirtschaftliche Forschung (Zeitschrift)
ZfgS	=	Zeitschrift für die gesamte Staatswissenschaft (Zeitschrift)
ZfN	=	Zeitschrift für Nationalökonomie (Zeitschrift)
ZThK	=	Zeitschrift für Theologie und Kirche (Zeitschrift)
Zfwu	=	Zeitschrift für Wirtschafts- und Unternehmensethik (Zeitschrift)
ZGR	=	Zeitschrift für Unternehmens- und Gesellschaftsrecht (Zeitschrift)
ZRP	=	Zeitschrift für Rechtspolitik (Zeitschrift)
ZSteu	=	Zeitschrift für Steuern & Recht (Zeitschrift)

1 Problemstellung, Zielsetzung und Gang der Untersuchung

Noch immer wird der Einkommensteuer das höchste Gerechtigkeitspotential unter allen Steuerarten zugeschrieben.[1] Aufgrund ihres derzeitigen Zustandes wird sie heute jedoch als kompliziert, undurchschaubar und chaotisch bezeichnet.[2] Ein zentraler Grund hierfür liegt im Fehlen eines tragfähigen Einkommensbegriffes,[3] welcher der Einkommensteuer zugrunde liegen müsste. Diesem Begriff käme die Aufgabe zu, als Leitgedanke zahlreiche Grundtatbestände des Einkommensteuerrechts aufzuhellen und systematisch anwendbar zu machen.[4] Das Fehlen eines die Einkommensteuer systematisierenden Programms erschwert die Beantwortung der Steuerbarkeit von sich stetig wandelnden Formen wirtschaftlicher Betätigungen und immer neuen Möglichkeiten der Bestreitung des Lebensunterhaltes.[5] Zwangsläufig müssen zahlreiche Problemfälle durch die Rechtsprechung gelöst werden, woraus wiederum eine unausweichliche Kasuistik resultiert. Regelmäßig wurden deshalb Fundamentalreformen vorgelegt, deren Fokus auch ein eigen konzipiertes Konstrukt „Einkommen" umfasst. Deren Erfolg ist, auch aus politischen Gründen, ausgeblieben.[6]

Trotzdem lohnt sich die Diskussion dieses ewig jungen Problems selbst nach mehr als 100 Jahren, seitdem Wissenschaftler durch Konzipierung von Einkommensbegriffen den Grundstein des heutigen Einkommensteuerrechts legen wollten.[7] Diese erkannten die ökonomische Natur des Einkommens und wollten dieses mithilfe von zweckadäquaten Theorien entwickeln. Ein systemkonformes Einkommensteuerrecht ist deshalb insbesondere durch ökonomische Prinzipien zu erreichen, die sich in einer ökonomischen Theorie widerspruchsfrei verdichten würden.[8] Der Gesetzgeber folgte jedoch den historisch überwiegend von Nationalökonomen entwickelten ökonomischen Einkommenstheorien nur eingeschränkt. Der geltende, lediglich synthetisch zusammengeführte Einkommensbegriff sollte vielmehr keiner Theorie explizit folgen.[9] Resultat

---

[1] Vgl. Hey, in: Tipke/Lang (2015), § 7, Rz. 16.
[2] Vgl. Rose, BB 1998, Beilage 7 zu Heft 24, S. 5.
[3] Vgl. Schmölders, StuW 1960, S. 75-84.
[4] Vgl. Kirchhof, in: Kirchhof/Söhn/Mellinghoff, Loseblatt, September 2015, § 2 EStG, Rn. A 43-44.
[5] Vgl. Marx, DStZ 2014, S. 283.
[6] Vgl. ausführlich hierzu: Tipke (2012), S. 1783-1817.
[7] In diesem Sinne auch der Anlass für das steuerhistorische Symposium der DStJG 2014, vgl. Drüen, StuW 2014, S. 16.
[8] Vgl. Müller/Maiterth, BB 1999, S. 2642-2643.
[9] Vgl. mit entsprechenden Nachweisen Musil, in: Herrmann/Heuer/Raupach, Loseblatt, Juli 2015, § 2 EStG, Rn. 10; Venturini (1985), S. 60.

dieser historischen Entscheidung ist das heute als Dualismus der Einkunftsarten bekannte Defizit, bei dem der Steuergegenstand einkunftsartenspezifisch und damit ungleichmäßig bestimmt wird.[10]

Die folgende Untersuchung prüft deshalb Einkommenstheorien auf ihre Eignung, den geltenden Einkommensteuergegenstand des deutschen Einkommensteuerrechts erklären zu können. Ziel der Arbeit ist die Identifikation und Abgrenzung des geltenden Einkommensteuergegenstandes anhand wirtschaftstheoretischer Einkommenstheorien und -konzepte.

Damit soll der Schwerpunkt der Untersuchung jedoch nur schemenhaft abgegrenzt werden, weil die Konzipierung eines Einkommens nicht nur im Steuerrecht, sondern auch aus wirtschaftstheoretischer Sicht zahlreicher Erläuterungen bedarf, welche nur an ausgewählten Stellen berücksichtigt werden können.[11] Einige Aspekte können hingegen gänzlich unbeachtlich bleiben.[12] Da die Untersuchung Beiträge der gesamten Steuerwissenschaften aufgreift, werden sprachliche Vereinfachungen vorgenommen.[13] Methodisch ist die Arbeit an denjenigen Teilbereich der Autoren der Betriebswirtschaftlichen Steuerlehre angelehnt, welche mithilfe eines systematisch-analytischen Vorgehens Argumentationsketten herstellen, um erklärende und normative Aussagen im Rahmen von realitätsorientierten Annahmen herzuleiten.[14] Der Beitrag dieser Arbeit liegt deshalb maßgeblich in der Verarbeitung von Informationen und dem daran anschließenden Diskurs. Ethisch-normative Aussagen beruhen dabei bewusst und unbewusst auf Werturteilen, welche im Folgenden möglichst offengelegt werden.[15]

---

[10] Vgl. bereits kritisch Schneider, FinArch 1912, S. 75-76; Hartrott, DStZ 2006, S. 841.

[11] Beispielhaft sei die Zurechnung und die Prüfung der Veranlassung bzw. allgemein die explizite Prüfung von negativen Einkommenselementen genannt. Einige Male und nur abstrakt wird die Einkommensermittlung zu betrachten sein.

[12] Weil die geltende oder eine daran angelehnte Form der Einkommensteuer betrachtet wird, bleiben Erbschaften, Schenkungen oder ähnliche zweifelsfrei einkommensteuerbefreite Vorgänge außen vor. Die Körperschaftsteuer wird nicht explizit untersucht. Ähnlich führt die Zielsetzung zur Ausblendung des Faktors Zeit sowie tarifärer Fragen.

[13] Einkünfte beschreiben daher grundsätzlich Einzahlungen, Einnahmen und Erträge in der steuerlichen Sphäre und sind als Nettogröße aufzufassen. Unbestimmt sind hingegen Mehrungen und Güter. Die Erwerbssphäre (investiv) wird von der Konsumsphäre (konsumtiv) abgegrenzt. Erwähnt sei an dieser Stelle auch, dass aus Gründen der Lesbarkeit auf genderneutrale Formulierungen verzichtet wird.

[14] Vgl. hierfür Schmiel, ZfB 2009, S. 1204-1205.

[15] Vgl. Schneider (1995), S. 117-119; Bareis, BFuP 2007, S. 425-434; Schneeloch, BFuP 2011, S. 247-249; Siegel, BFuP 2007, S. 627. Dem auf kritisch-rationalistischen Überlegungen zurückgehenden Werturteilsverständnis von Schmiel soll deshalb nicht explizit gefolgt werden, vgl. Schmiel, zfbf 2005, S. 535-542; Schmiel, BFuP 2008, S. 177-181; zur Erwiderung von Bareis, BFuP 2008, S. 182-183.

Aufbauend auf einer positiven Analyse des geltenden Einkommensteuerrechts werden in Kapitel 2 zentrale Grundtatbestände zur Bestimmung des Steuergegenstandes identifiziert und ökonomisch vertieft. Zusammen bilden diese eine erste Grundlage, welche Einkommenstheorien ausfüllen sollten. In Kapitel 3 werden zu demselben Zweck steuertheoretische Postulate hergeleitet und operationalisiert. Nach Skizzierung des Wesens ökonomischer Theorien können bereits Einkommensbegriffe mithilfe einer Bezugsgröße eingegrenzt werden. Anhand der bisherigen Teilergebnisse werden sodann Einkommenstheorien und -konzepte in Kapitel 4 erläutert und kritisch diskutiert. Im Fokus stehen dabei drei eigenständige Theorien und Konzepte sowie von diesen abgeleitete Variationen. Kapitel 5 greift bisherige Ergebnisse auf und führt sie mit der überzeugendsten Einkommenskonzeption im Hinblick auf die geltende Einkommensteuer zusammen. Das Fazit fasst die wesentlichen Erkenntnisse zusammen.

2 Der Steuergegenstand im geltenden Einkommensteuerrecht

2.1 Wesen des Einkünftekatalogs

Ausgangspunkt der Untersuchung ist der Steuergegenstand in § 2 EStG, in welchem sich ein Einkommensbegriff als Ausdruck ökonomischer Einkommenstheorien entfalten würde.[16] Bei ihrem Entstehen wurde die noch heute überwiegend fortgeltende Systematisierung der Einkunftsarten nur implizit an dem Ideal des umfassenden Güterumfanges der *Reinvermögenszugangstheorie* ausgestaltet.[17] Demgegenüber lag der zeitgleich ausgearbeiteten *Quellentheorie* ein eingeschränkter, enumerativ abschließend aufgezählter Güterumfang zugrunde. In der heutigen Ausgestaltung des Einkunftsartenkatalogs äußert sich die synthetische Bestimmung des Einkommens insbesondere, indem die Überschusseinkunftsarten quellentheoretisch determiniert und die Gewinneinkünfte reinvermögenszugangstheoretisch fundiert sind.[18] Zwar wird durch den zunächst auch realitätsgerecht anmutenden Einkunftsartenkatalog die Steuerbarkeit erzielter Einkünfte im Gros dennoch zweckmäßig beantwortet.[19] Grundsätzlich sollte auch für die Einkommensmessung der Einkommensteuer gelten, dass ein Rechnungszweck die Recheninhalte[20] bestimmen würde. Nach Ansicht des BFH besteht der Zweck der Einkommensteuer zunächst jedoch nur in der Mittelbeschaffung für die öffentliche Hand, zumindest aber nach Maßgabe des Leistungsfähigkeitsprinzips.[21]

Für die Untersuchung ist eine Identifikation der wichtigsten Merkmale der Einkunftsarten notwendig, weil diesen zugleich die Funktion innewohnt, die steuerbare und nicht steuerbare Sphäre abschließend abzugrenzen.[22] Zunächst ist festzustellen, dass nur erzielte Einkünfte im Rahmen einer Einkunftsart im Sinne des § 2 Abs. 1 EStG zu einer Steuerbarkeit führen, wobei die Erzielung steuerbarer Einkünfte nur das Ergebnis einer ihr vorangegangenen Handlung sein kann.[23] Deshalb beschreiben die Einkunftsarten zugleich sieben tradierte Berufsarten,[24] die trotz ihrer ökonomischen Natur nicht wirt-

---

[16] Vgl. Hey, in: Tipke/Lang (2015), § 8, Rz. 40. Bezüglich einer Übersicht der allgemeinsten Grundlagen des EStG vgl. Wotschofsky, BuW 2002, S. 54-61.
[17] Vgl. Marx, DStZ 2014, S. 283; Genser, in: Rose (2003), S. 177.
[18] Vgl. Marx, DStZ 2014, S. 283; Kroschel/Wellisch, BB 1998, S. 668.
[19] Vgl. Schmidt-Liebig, BB 1984, S. 8; Kirchhof, in: Kirchhof (2016), § 2 EStG, Rn. 41.
[20] Vgl. Schneider (1997a), S. 33; Däumler, BuW 2002, S. 883.
[21] Vgl. BFH, Beschluss vom 25.06.1984, BStBl II 1984, S. 756.
[22] Vgl. Desens, in: Jachmann (2014), S. 112-113.
[23] Vgl. Bode, in: Kirchhof (2016), § 4 EStG, Rn. 54.
[24] Teils daher als Erwerbstätigkeitskatalog bezeichnet, vgl. insb. Bayer, BB 1988a, S. 1-4; Bayer, BB 1988b, S. 215-218; auch Sprave, BB 1992, S. 1829.

schaftlich, sondern in zivilrechtlichen Kategorien gedeutet und dadurch nur vermeintlich objektiviert wurden.[25] Aus ökonomischer Sicht können die Einkunftsarten durch den in der jeweiligen Kategorie insbesondere in den Vordergrund tretenden Einsatz von Betriebs-, Nutzungs- oder Arbeitsmitteln unterschieden werden.[26]

Erfordert die Einkommensteuer ein *Erzielen*, liegt ihr eine bestimmte Vorstellung der Tätigkeit des Steuerpflichtigen zugrunde, die präziser als „erwirtschaftet" beschrieben werden kann.[27] Besteuert wird demnach das Ergebnis einer unternehmerischen Tätigkeit,[28] respektive die im Kausalzusammenhang resultierenden Einkünfte.[29] Steuerlich unbeachtlich bleibt hingegen die rein konsumtive Einkommensverwendung, welche deshalb rechtssicher definiert und abgegrenzt werden muss.[30] Weiterhin ist die Einkunft nach dem Grundsatz der Individualbesteuerung demjenigen zuzuordnen, der sie erzielt hat.[31] Dabei bleiben die Umstände der Einkünfteerzielung auf Ebene des Steuerrechts grundsätzlich unbeachtlich.[32] Lediglich zur Feststellung einer Einkünfteerzielungsabsicht und dem Fehlen einer solchen, der sogenannten Liebhaberei, wird auch auf subjektive Merkmale zurückgegriffen.[33] Aufgrund des Interessenkonfliktes von Steuerpflichtigem und Fiskus erfolgen jedoch derartige Abgrenzungen praktisch mithilfe objektivierter Merkmale, wodurch subjektive Intentionen umgedeutet oder gar korrigiert werden.[34] Zudem verläuft diese Prüfung einkunftsarten- und einzelfallspezifisch, sodass Zeiträume differieren oder Prüfungen ungleichmäßig durchgeführt werden können.[35]

Zur Schonung des Steuerpflichtigen stellen nur tatsächlich verwirklichte, das heißt rechtlich zugegangene Güter steuerbare Einkünfte dar.[36] In Abgrenzung zu anderen Steuerarten wird grundsätzlich der Einsatz eigener Mittel im Austausch gegen Mittel Dritter vorausgesetzt.[37] Unberücksichtigt bleiben deshalb reine Wertsteigerungen der

---

[25] Vgl. Lehmann (2003a), S. 21.
[26] Vgl. Lehmann (1996), S. 26.
[27] Vgl. Lang (1988), S. 48-49.
[28] Vgl. Schneider (1978), S. 35.
[29] Vgl. Bodden, in: Korn/Carle/Stahl/Strahl, Loseblatt, Juni 2016, § 2 EStG, Rn. 53.
[30] Vgl. Bareis, in: Rose (2003), S. 274.
[31] Vgl. ausführlich hierzu Ratschow, in: Hey (2011), S. 38-45.
[32] Vgl. Gottwald, FR 1985, S. 461.
[33] Vgl. BFH, Beschluss vom 25.06.1984, BStBl II 1984, S. 751-753.
[34] Schön spricht dabei von dem *wirklichen Willen*, vgl. Schön, DStR-Beih. 2007, S. 22.
[35] Vgl. Kruse, in: FS Raupach (2006), S. 145-147; Pezzer, in: GS Trzaskalik (2005), S. 242-245.
[36] Vgl. Kirchhof, StuW 1984, S. 299.
[37] Vgl. bspw. für Überschneidungen mit der ErbSt im Falle unentgeltlicher Übertragungen Hey, in: Herrmann/Heuer/Raupach, Loseblatt, August 2014, Einführung zum EStG, Rn. 842.

im Besitz befindlichen Güter des Steuerpflichtigen sowie Potentialgrößen, die keine zur Steuerzahlung disponible Mehrungen darstellen.[38] Diese erfolgt in Währungsgeld[39] und erfordert deshalb Liquidität zur Entrichtung der Steuerschuld.

Während bei den Überschusseinkünften eine Einkünfterealisation erst bei vollständiger Übertragung oder Erlangen der wirtschaftlichen Verfügungsmacht erfolgt,[40] folgen die Gewinneinkünfte dem Grundsatz der Gewinnverwirklichung. Grundsätzlich bleibt auch hier der Umsatzakt in Form einer Veräußerung, Überlassung eines Gutes oder Erbringung einer Dienstleistung im Tausch einer Gegenleistung maßgeblich.[41] Gewinnrealisierung erfolgt dann ebenfalls rechtlich bei Gefahrenübergang, bzw. ökonomisch als Zugang eines Verfügungsrechts nach Abgabe einer Marktleistung.[42] Darin offenbart sich trotz der unterschiedlichen Anknüpfungsmöglichkeiten des Realisationsprinzips der explizit Einkünfte auslösende Moment des Umsatzprozesses.[43] Zu berücksichtigen sind mitunter dennoch zivilrechtliche Besonderheiten der den einzelfallspezifischen Vorgängen zugrundeliegende Werk- und Dienstleistungsverträge.[44] Das bilanzrechtliche Realisationsprinzip führt weiterhin zu einem Ausschluss der vom Wortlaut des Gewinnbegriffs eigentlich einzuschließenden unrealisierten Wertzuwächsen.[45]

Nach Maßgabe des Nominalwertprinzips sind nur geldwerte Güter steuerbar. Dabei hat sich als besonders geeigneter Saldierungsmaßstab das Währungsgeld in seiner Funktion als Recheneinheit für eine Rechnungslegung erwiesen.[46] Entsprechende Werte können im Zeitpunkt der Verwirklichung eines realökonomischen Tauschprozesses besonders effizient und objektiv ermittelt werden. Steuerlich erfasst wird deshalb nicht ein Gut an sich, sondern dessen zugewiesener rechnerischer Wert in Höhe des erzielten Entgelts.[47] Zur Quantifizierung einer Einkunft sind anschließend Mehrung

---

[38] Vgl. Kirchhof, in: Kirchhof/Söhn/Mellinghoff, Loseblatt, September 2015, § 2 EStG, Rn. A 98-99.
[39] Unterschieden werden soll dadurch der Begriff Geld in seiner Funktion als Tauschmittel, so bspw. Beck im Falle von Bitcoins, vgl. Beck, NJW 2015, S. 580-581.
[40] Vgl. BFH, Urteil vom 11.11.2009, BStBl II 2010, S. 747.
[41] Vgl. zu ergänzenden Ersatz- und Entstrickungstatbeständen Costede, StuW 1996, S. 20-23.
[42] Vgl. hierzu Schneider (1997a), S. 119 sowie S. 120-129 zum Grundsatz der Gewinnverwirklichung.
[43] Vgl. Marx, StuB 2016, S. 328-329.
[44] Vgl. hierzu Heße/Niederhofer, BuW 2004, S. 196-200.
[45] Vgl. Moxter, StuW 1989, S. 233.
[46] Vgl. zu den Funktionen des Geldes Schneider, in: FS Wagner (2004), S. 165-169.
[47] Vgl. Kirchhof, JZ 1982, S. 307-308.

und Minderung nach Maßgabe des objektiven Nettoprinzips zu verrechnen.[48] Der Einkommenserzielung dienenden Werbungskosten und Betriebsausgaben sind deshalb grundsätzlich abzuziehen.[49] Im Umkehrschluss bleiben nicht geldwerte, hinreichend objektiv bewertbare und praktisch kaum erfassbare Teile der gesamten Gütermehrung, wie bspw. Teile der *Naturaleinkünfte*[50], steuerfrei. Im Allgemeinen, jedoch nicht ausschließlich, wirken diese Grundsätze auch im subjektiven Nettoprinzip, welches an das objektive Nettoprinzip anschließt.[51] Darin werden Bestandteile der Einkommensverwendung aus der Privatsphäre des Steuerpflichtigen als Ausdruck der Lehre des indisponiblen Einkommens erfasst.[52] Obwohl diesem systematisch zuzuordnen, finden sich sozialsubventionsbedingte Elemente auch in der Summe der Einkünfte.[53]

Zu unterscheiden sind im Folgenden drei Ebenen, die durch die Einkommensteuer tangiert und separiert werden: Realökonomisches Handeln und daraus resultierende objektive und subjektive Werte bzw. Mehrungen werden zunächst auf rechenökonomischer Ebene ex-post nach Maßgabe des Steuerrechts quantifiziert und sind anschließend anhand juristischer Merkmale hinsichtlich ihrer Steuerbarkeit zu verarbeiten.[54] Soweit realökonomische Vorgänge durch steuerrechtliche Modifikationen nicht adäquat rechenökonomisch abgebildet werden oder gar aufgrund des Steuerrechts unbeachtlich bleiben,[55] schafft das Einkommensteuerrecht eine eigene Abbildung der Wirklichkeit. Es ist dennoch zu konstatieren, dass diese „Steuerökonomie" integraler Bestandteil der vom Geld und Tausch[56] geprägten Realökonomie bleibt. In dieser wir-

---

[48] Vgl. Naujok, in: Bordewin/Brandt, Loseblatt, Dezember 2010, § 2 EStG, Rn. 13-14; ausf. zu einer jüngeren Diskussion dieses Prinzips vgl. Paetsch, DStR-Beih. 2009, S. 78-87.

[49] Zu Abzugsschranken vgl. bereits Birk, StuW 1989, S. 216-217; im Falle gemischter Aufwendungen vgl. Leisner-Egensperger, BB 2007, S. 640-641.

[50] Zu den fünf Arten der Naturaleinkünfte, von denen jedoch die Entnahme aus dem Betrieb erfassbar wäre, vgl. Scheele, in: Handbuch der Wirtschaftswissenschaft (1983), S. 257-285.

[51] Vgl. Lang, (1988), S. 185-186.

[52] Vgl. Seiler, in: Groll (2005), S. 63.

[53] Vgl. zu einer jüngeren Diskussionsübersicht Richter/Welling, FR 2010, S. 127-130; Lang (1988), S. 215-216.

[54] Vgl. Lehmann/Moog (1996), S. 30; diese Reihenfolge kann erweitert oder gar vollständig variiert werden und zeigt nicht immer eine kausale oder zeitliche Wirkungskette an; vielmehr bedingen sich die verschiedenen Ebenen gegenseitig.

[55] Vgl. zu dieser Unterscheidung im Falle von Verlusten bspw. Marx, FR 2005, S. 624-626; Marx, DB 2001, S. 2364-2365.

[56] Vgl. zur Bedeutung des Geldes und der Geldwirtschaft Sokol, zfwu 2004, S. 176-184; zu den Kategorien der Natural-, Real- und Geldwirtschaft vgl. Boer Jun, WWA 1936, S. 586.

ken quantitative Größen beherrschend auf das realökonomische Handeln ein und führen im Grunde zu einer Ausblendung geldökonomisch irrelevanter Prozesse[57] auch im Steuerrecht.

2.2 Merkmale und Formen des Wirtschaftens

Wird das durch die Einkommensteuer erfasste Handeln des Steuerpflichtigen als *Wirtschaften* beschrieben, müssen dessen Begriffsinhalte zweckgerichtet vertieft werden. Dabei sollte berücksichtigt werden, dass derartige in der Nationalökonomie als Grundbegriffe und -objekte bezeichneten Elemente einer Wirtschaftstheorie mit zahlreichen, noch heute fortwährenden allgemeinen Wahrheiten[58] erläutert wurden. Das dabei oftmals unumstößlich formulierte Grundwissen beschreibt jedoch nur bedingt die ökonomische Realität.[59] Grundsätzlich werden im Folgenden zwei Ansätze zu unterscheiden sein, welche die Betriebswirtschaftslehre maßgeblich geprägt haben. Diese basieren einerseits auf marktsystembezogenen-theoretischen- und andererseits auf subjektiv-methodischen Ideen.[60]

Unzweifelhaft sind Grundannahmen über das Wesen des Wirtschaftens in beiden Leitideen notwendig. Der Anwendbarkeit ökonomischer Theorien sind im Steuerrecht jedoch Grenzen gesetzt.[61] Insofern jeweilige Erkenntnisse für das steuerökonomische Denken fruchtbar gemacht werden sollen, muss der erfahrungswissenschaftlich strittige Gehalt zahlreicher Theorien[62] berücksichtigt werden. Modernes Wirtschaften äußert sich in individuellen Handlungen, welche durch historische und gegenwärtige gesellschaftliche Prozesse geprägt werden.[63] Das Einkommensteuerrecht als Reflektion und integraler Bestandteil dieser Gesellschaft sollte entsprechend unter Berücksichtigung sozialwissenschaftlicher Elemente[64] gedeutet werden. Deshalb werden für die

---

[57] Vgl. Freimann, in: Schanz (1984), S. 54-65.

[58] Vgl. zu diesem Begriff Bultmann, ZThK 1957, S. 245.

[59] Vgl. Albert, ZfgS 1961, S. 438-441.

[60] Vgl. Albert, JB. F. Sozialwiss. 1965, S. 142. Für eine Übersicht bezüglich des Handelns in sozialwissenschaftlichen Erkenntnisprogrammen vgl. Meyer, ORDO 2010, S. 97-101.

[61] Derartige Beispiele untersucht Ismer aus einem steuerrechtswissenschaftlichen Hintergrund; die im Folgenden eingenommene Perspektive der Betriebswirtschaftlichen Steuerlehre wird jedoch nicht betrachtet, sondern unter Berufung auf nutzentheoretisches Gedankengut teils explizit korrigiert und damit abgelehnt, vgl. Ismer, in: Aaken/Schmid-Lübbert (2003), S. 81-84.

[62] Vgl. bereits umfassend Hesse, WWA 1928, S. 49-76, hier S. 57.

[63] Vgl. Albert/Arnold/Maier-Rigaud, JOIE 2012, S. 315-318.

[64] Vgl. Amonn (1927), S. 179; vgl. kritisch zur Übernahme auch sozialwissenschaftlicher Erklärungen auf Ebene der Methodik, der im Folgenden weitestgehend gefolgt werden kann, Schneider (1987), S. 188-194, insb. S. 193.

folgende Untersuchung als zentrale Grundtatbestände eine herrschende Unsicherheit und eine Ungleichverteilung von Wissen und Können angenommen.[65]

So kann angenommen werden, dass durch das Wirtschaften eine empfundene Unzufriedenheit eines gegebenen Zustands durch das eigene Verhalten gemindert oder beseitigt werden soll.[66] Ziel des Wirtschaftens wäre unter Anstreben von zwischengelagerten Zwecken die Befriedigung von subjektiven Bedürfnissen oder die Beseitigung von Mängeln durch Einsatz von Mitteln[67] oder anders, das Streben nach Glück.[68] Aus der erwarteten oder tatsächlichen Zustandsverbesserung resultiert dann die Höhe der subjektiven Größe *Nutzen*.[69] Als rein psychischer Vorgang ist weder das Bedürfnis, noch dessen Befriedigung objektiv ersichtlich oder nachprüfbar[70] und deshalb für die Problemstellung nur bedingt nutzbar zu machen. Auf die daraus abgeleitete nutzentheoriebasierte Interpretation von steuerbaren Investitionen als künftiger Mehrkonsum durch Verzicht auf Gegenwartskonsum und hiervon abzugrenzenden, unmittelbar wirksamen steuerbefreiten Konsumausgaben ist bereits aus Gründen der Rechtssicherheit und Praktikabilität grundsätzlich zu verzichten.[71] Das Steuerrecht als Massenfallrecht zwingt zu möglichst objektiven Annahmen und Anknüpfungspunkten.

Aus objektivierter Perspektive kann Wirtschaften anhand weiterer Merkmale zur Abgrenzung von rein technischen Tätigkeiten beschrieben und dadurch möglicherweise für das Steuerrecht typisiert[72] werden. Wirtschaften als geordnetes oder geplantes Handeln oder Entscheiden wird hierbei zumeist ergänzt als rationales Verfügen über knappe Mittel, teils durch Befolgung des ökonomischen Prinzips.[73] Zeitgleich wurde

---

[65] Vgl. Schneider, zfbf 2008, S. 609.

[66] Vgl. Mises (1940), S. 30-31. Mises spricht (vorerst) lediglich von der allgemeinsten Bedingung des Handelns.

[67] Zur praxeologisch ausgelegten Gesamtkonzeption Mises, der für das Folgende zwecks Klarheit auch begrifflich nicht unmittelbar gefolgt wird vgl. Mises (1940), S. 65-74.

[68] Vgl. zur Ökonomie des Glücks Frey/Stutzer, DU 2009, S. 264.

[69] Vgl. Dötsch, ORDO 2013, S. 60-61.

[70] Vgl. Goumas, JfNuS 1940, S. 539-543 sowie S. 550-559 zu einem modern anmutenden Versuch einer rein objektiven Begriffsbestimmung der *Bedürfnis*, jedoch anhand des Rationalprinzips.

[71] Vgl. Wagner, in: Ordelheide/Rudolph/Büsselmann (1991), S. 80-81.

[72] Vgl. zu Möglichkeiten und Grenzen der Typisierung Pahlke, DStR-Beih. 2011, S. 68-71.

[73] Vgl. auch für weitere Merkmale, mit Verweisen ausf. aufgearbeitet und diskutiert bei Möller, JfNuS 1942, S. 243-247. Möller versteht Wirtschaften dann zweckunabhängig (S. 246), während woanders nach disziplinübergreifender Analyse jede Tätigkeit Wirtschaften bedeutet, sofern zweckgerichtet, vgl. Csikos-Nagy, JfNuS 1939, S. 416-418. Relativ jung noch bei Wöhe, in: FS Scherpf (1983), S. 6-7, denn betrieblich (Produktions-, bzw. Erwerbswirtschaftlich) sind nur planvolle, also zielgerichtete Entscheidungen.

jedoch bereits auf den empirisch fragwürdigen Gehalt derart explizierter Verhaltenshypothesen hingewiesen. So ist das ökonomische Prinzip nur eine mathematische Operation und Rationalität als zudem subjektiv zu beurteilender Maßstab für das praktische Handeln nur begrenzt von Bedeutung.[74] Aus der Perspektive wirklichkeitsorientierter Programme ist zudem zu fragen, warum nicht auch ungeplantes oder unüberlegtes Handeln oder gar die explizite Mittelvernichtung als womöglich wenig effektive Erscheinungsformen des Wirtschaftens berücksichtigt werden sollen.[75] Auch die auf das Ziel oder den Zweck bezogene Knappheit beschreibt nur eine subjektive, temporäre und räumliche Relation, deren Existenz bereits zu wirtschaftlichen Erwägungen zwingt.[76] Wirtschaften ist praktisch nur der Versuch, derartige Überlegungen in einem komplexen Entscheidungsprozess soweit möglich zu berücksichtigen und subjektiv rational einzubinden. Kann eine tatsächliche Anwendung dieser Kriterien deshalb nur unerheblich sein oder ist nicht rechtssicher nachprüfbar, ist jegliche Handlung stets eine Form des Wirtschaftens.[77] Soll ein Erfahrungssachverhalt jedoch wirtschaftstheoretisch erklärbar bleiben, muss ein vernünftiges, häufig umschrieben als begrenzt rationales Handeln[78], angenommen und die Untersuchung möglichst auf einen solchen Geltungsbereich eingegrenzt werden.[79]

Eine erste Annäherung ermöglicht die abstrakte Unterscheidung von vier grundlegenden Stadien des Wirtschaftens.[80] In der Bedarfdeckungswirtschaft ermöglicht die wirtschaftliche Betätigung lediglich die Befriedigung der grundlegendsten Bedürfnisse.[81] Auf der zweiten und dritten Ebene ermöglicht die wirtschaftliche Tätigkeit bereits die Erzielung eines materiellen, lagerbaren Überschusses, welches für die künftige Bedürfnisdeckung gehortet werden kann.[82] Wirtschaften beschränkt sich in dieser Phase noch maßgeblich auf das durch Planung und Zweckausrichtung gekennzeichnete Leistungswirtschaften, bei der Mittel artenmäßig, räumlich und zeitlich transformiert

---

[74] Vgl. Richter, ZfgS 1954, S. 88, weiterhin S. 97-102.
[75] Vgl. Schneider (2011), S. 100-102.
[76] Vgl. Varga, JfNuS 1960, S. 306, weiterhin S. 313-314.
[77] Vgl. bereits Amonn, ZfN 1935, S. 618-619; Amonn, JfNuS 1953, S. 10; Lehmann (1956), S. 9-10.
[78] Vgl. kritisch zu dieser Bezeichnung Schneider (2001), S. 258-259.
[79] Vgl. Kamitz, ZfgS 1943, S. 332-334 sowie passim.
[80] Vgl. mit Verweis auf Smith Woll, ORDO 1998, S. 194; differenzierter im Folgenden Lehmann (1957), S. 26-29.
[81] Vgl. Seeberg, JfNuS 1963, S. 503.
[82] Vgl. Glück, BB 1993, S. 1816.

werden.[83] Das rechts- und rechenökonomisch geprägte System des Steuerrechts ist in dieser Phase noch nicht erreicht.

Aus der heute vorherrschenden Arbeitsteilung und der durch Geld als Verkehrsmittel erleichterten Möglichkeit, erwirtschaftete Überschüsse zu tauschen, ist die Bezeichnung der Tausch- und Geldwirtschaft entstanden.[84] Treffend erscheint deshalb die Bezeichnung der Verkehrswirtschaft, in der neu hinzugetretene Koordinationsprobleme durch eine Recheneinheit Geld und darin bemessene Tauschmittel erleichtert werden.[85] Einen weiteren zentralen Koordinationsmechanismus stellt zudem der Markt dar, auf dem sich Angebot und Nachfrage zur Preisbildung treffen.[86] Beide Mechanismen unterliegen dem geltenden Wirtschaftssystem mit dessen Regelsystem, das den Wettbewerb auf Märkten durch den schuldrechtlichen Vertrag und der vertragsähnlichen, auf Freiwilligkeit basierenden Koordination sicherstellt.[87] In diesem heute als Marktwirtschaft bezeichneten System bilden Wirtschaftssubjektive innerhalb des gesellschaftlichen Rahmens individuelle Leistungsbeziehungen in Form von Kontrakten miteinander und geben in Höhe ihrer Leistungsentgelte objektiv verwertbare Werte wieder.[88] Weil dieser Vorgang das Wirtschaftssystem wesentlich prägt, scheint die Bezeichnung der *Entgeltwirtschaft* besonders akkurat, in der Überlegungen auf Basis rechenökonomischer Vorgänge von zentraler Bedeutung sind.[89] Es ist dieser Umstand, der eine Beschränkung der Einkommensteuer auf die Berechnung eines im Tausch verwirklichten Nominaleinkommens begründet und in ihrem Wesen entsprechend reflektiert wird.

Die in der Marktwirtschaft vorherrschende Ausprägung wirtschaftlichen Handelns wird als erwerbswirtschaftliches Prinzip bezeichnet.[90] Sucht das Wirtschaftssubjekt die Maximierung rechenökonomischer Größen, handelt es demnach unabhängig von dessen tatsächlichen Verwirklichung nach dem Erwerbsprinzip.[91] Wieder ist diese Definition

---

[83] Vgl. Lehmann (2003a), S. 11-13.
[84] Vgl. Liefmann-Keil, JfNuS 1942, S. 572-573.
[85] Vgl. Eucken (1989), S. 87-91.
[86] Vgl. Lenel, ORDO 1989, S. 10.
[87] Vgl. Schneider (2011), S. 28-31. Schneider modifiziert den Begriff des Vertrags anschließend entsprechend des Zweckes seines Programms.
[88] Vgl. Paulsen, ZfgS 1964, S. 590.
[89] So die Gesamtkonzeption Lehmanns; zu dessen Inhalt vgl. Lehmann (2003a), S. 7-9.
[90] Vgl. Albach, ZfB 2005, S. 812.
[91] Vgl. Stackelberg, WWA 1940, S. 263.

auf Basis zugrunde gelegter Annahmen zu relativeren. Steuerpflichtige würden im Modell auf Grundlage quantitativer Wahrscheinlichkeiten lediglich ihren subjektiven Erwartungswert des Risikonutzens maximieren, bspw. anhand des Bernoulli-Prinzips.[92] Unter Unsicherheit ist deshalb das rechenökonomisch erzielbare Maximum nicht unbedingt zugleich eine vernünftige Größe. Langfristig erklärt das Erwerbsprinzip jedoch bei planmäßigem Handeln unter Unsicherheit auch jegliche Formen einer subjektiven Rationalität.[93] Empirisch kann deshalb angenommen werden, dass ein auf die Erzielung einer lediglich subjektiv vernünftigen rechenökonomischen Größe ausgerichtetes Handeln in Form der erwerbswirtschaftlichen Betätigung vorzufinden sein wird.

Verglichen mit der Betrachtung des Wirtschaftens als Teilaspekt jeder Handlung kann das Erwerbsprinzip auch für die Einkommensteuer fruchtbar gemacht werden. Der Entgelterzielung als Resultat eines Umsatzvorgangs mag unterschiedlicher Bedeutung im Zielsystem des Steuerpflichtigen zukommen. Diese wird im Rahmen der Einkommensteuer jedoch lediglich ex-post erfasst. Auf subjektive Merkmale basierende Erklärungen für wirtschaftliche Vorgänge können deshalb unterstellt, letztlich aber unberücksichtigt bleiben. Im Rahmen einer jeweiligen Einkunftsart muss das Erwerbsprinzip unter Umständen betätigungsbezogen interpretiert oder gar die individuelle Position aus objektivierter Sicht gewürdigt werden. Für die Untersuchung soll im Folgenden versucht werden[94], realökonomisches Wirtschaften aus dem Blickwinkel des Erwerbsprinzips zu erklären.

Weiterhin kann zwischen der auf den Erwerb eines Mittels als zwischengeschalteten Zweck ausgerichteten Erwerbswirtschaft[95] und der Haushaltswirtschaft unterschieden werden. Angenommen sei jedoch, dass der Zweck ein eigenständiges, nur vermeintlich zwischengeschaltetes Ziel darstellt. Im Haushalt wird dann gemischt gewirtschaftet, sodass hierbei auch einkommensteuerbare Vorgänge verwirklicht werden.[96] Deshalb sind beide Wirtschaftsformen nicht institutionell, sondern funktional abzugrenzen.

---

[92] Vgl. ausf. zu Anforderungen, Möglichkeiten und Grenzen dieses Prinzips Schneider (2011), S. 180-191.
[93] Vgl. Albach, in: GS Gutenberg (1997), S. 4-5.
[94] Vgl. zu den Anforderungen und Möglichkeiten der Erklärung der Wirklichkeit anhand einer Theorie, Schmiel, in: Zelewski/Akca (2006), S. 159-162.
[95] Vgl. Prion (1935), S. 13 sowie zu einer relativ modernen Umschreibung der Konzeption Erwerbswirtschaft S. 10-15.
[96] Vgl. Lehmann (2003a), S. 37-42.

Diese in eine Erwerbs- und Konsumhandlungen abzugrenzen ist von zentraler Bedeutung für jede Einkommenskonzeption.

2.3 Merkmale und Formen wirtschaftlicher Güter

Prinzipiell könnten all diejenigen Güter steuerbar sein, die als *wirtschaftlich* bezeichnet werden, möglicherweise aufgrund ihrer Funktion, Bedürfnisse befriedigen zu können.[97] Wie zu vermuten liegt dabei jedoch lediglich ein weiterer, nur willkürlich abgrenzbarer Theoriebegriff vor.[98] Mag exemplarisch das wirtschaftliche Gut *Information* aufgrund seiner entgeltlichen Verwertbarkeit[99] trotz seiner abstrakten Natur noch steuerlich nutzbar erscheinen, ist das im Falle der *Zeit*[100] bereits anzuzweifeln. Anhand des Merkmals „wirtschaftlich" kann ein steuerlicher Güterumfang nicht rechtssicher von jenen freien Gütern abgegrenzt werden, die keiner Bewirtschaftung bedürfen. Zur näheren Gütereingrenzung erscheint als erstes zusätzliches Merkmal eine Ergänzung des Handlungstatbestands besonders geeignet.

In der Nationalökonomie sind *Dienste*, *Sachen* und auf diese verweisende *Verhältnisse* als die drei Kategorien wirtschaftlicher Güter erörtert wurden, die aufgrund des gesellschaftlichen Aspekts nicht nur eine ökonomische, sondern auch eine rechtliche Dimension aufweisen.[101] Wird zunächst auf Ebene des Leistungswirtschaftens angesetzt, interessiert nicht unmittelbar das Gut, sondern die Leistung, verstanden als Ergebnis prozessualer, leistungswirtschaftlicher Aktivitäten.[102] Steuerbar bleibt dadurch weiterhin grundsätzlich jegliches Gut sowie jedes hierfür investiv eingesetzte Mittel. Einer möglichen Verwertung der Leistung geht zunächst die Leistungserstellung durch Kombination unterschiedlicher Einsatzfaktoren voraus, die pauschaliert aus dem Einsatz von Sachgütern und der menschlichen Arbeitsleistung bestehen.[103] Hierzu ist ins-

---

[97] Vgl. so bspw. die Konzeption von Hermann (1832), S. 1, der anschließend (S. 1-5) auch weitere Kriterien ergänzt.

[98] Vgl. zur Diskussion der Kriterien Roschers, der an das Merkmal *Wirtschaften* anknüpft, Wagners bedürfnisorientierten Begriff, des Merkmals der *entgeltlichen Übertragbarkeit* von Knies, einer Variation hiervon bei Neumann, der relativ zum Bedarf verfügbaren Quantität bei Menger, vgl. Dietzel, ZfgS 1883, S. 34-54. Dietzel führt selbst als Lösung das handlungsorientierte Kriterium *Mittel*, nicht jedoch den *Zweck* an (S. 59-80, hier S. 66). Ähnliches Vorgehen bei Held, JfNuS 1876, S. 169-186, dessen Lösung auf S. 185.

[99] Vgl. Picot/Maier, in: Preßmar (1993), S. 45-47.

[100] Vgl. Meißner, JfNuS 1971, S. 385; Borschberg, DU 1983, S. 294-296.

[101] Vgl. Wagner (1892), S. 300; modern interpretiert von Schneider (2011), S. 1-4.

[102] Vgl. Engelhardt/Kleinaltenkamp/Reckenfelderbäumer, zfbf 1993, S. 404.

[103] Vgl. Für eine grundlegende, jedoch inzwischen veraltete und auf die *Betriebswirtschaft* fokussierte Sichtweise, Gutenberg (1958), S. 57-63 und S. 79-80.

besondere im Falle einer Unternehmung die Mittelbeschaffung in Form einer Investition und der Finanzierung notwendig, woraus wiederum die Unterscheidung einer real- bzw. leistungsökonomischen und einer finanzwirtschaftlichen Ebene resultiert.[104] Das Leistungswirtschaften ist demnach als Teilprozess in einem eigenen „Finanzwirtschaften" eingebettet.[105] Erweitert auf die Ebene des Erwerbswirtschaftens sind dann rechenökonomisch nicht nur der leistungswirtschaftliche Prozess in Höhe der unterschiedlichen Vorleistungen, sondern auch weitere, nicht zwingend unmittelbar auf den Absatzmoment bezogene Kosten zu berücksichtigen.[106] Anzunehmen ist auch, dass antizipierte steuerrechtliche Einflüsse den gesamten leistungswirtschaftlichen Prozess beeinflussen und dadurch umfassende realökonomische Entscheidungsänderungen verursachen.[107] Ein Anknüpfen der Steuerpflicht an Teilleistungen wäre schon aus diesem Grund nicht sinnvoll.

Leistungen in Form von Dienst- und Sachleistungen, sowie Verfügungsrechte gegen andere Leistungen als Absatz-, oder Beschaffungsvorgang zu tauschen[108] wären dann maßgebliche Grundlage des Erwerbswirtschaftens. Weil sowohl die Sach- als auch die Dienstleistung Ergebnis eines leistungswirtschaftlichen Prozesses sind, bereitet die Abgrenzung dieser Grundkategorien noch immer Probleme. So existiert die Ansicht, Dienstleistungen wären unter Einsatz immaterieller Mittel und Einbezug des externen Faktors produzierte immaterielle Wirtschaftsgüter.[109] Andere Konzeptionen beruhen auf einer Aufteilung der Dienstleistungsproduktion, ihrer Immaterialität, der notwendigen Bündelung von Teilleistungen oder einem vollständigen Anwendungsverzicht.[110] Ohne die einzelnen Konzeptionen näher beleuchten zu können, wird für das Folgende stattdessen versucht, Definitionen nicht für jede denkbare Form einer Absatzleistung, sondern bezüglich des Untersuchungsziels nutzbar zu machen.[111]

---

[104] Vgl. Schneider (1992), S. 8; Kußmaul/Leiderer, BBK 1997, Fach 29, S. 618.
[105] Vgl. Lehmann (2003b), S. 19.
[106] In diesem Sinne Schneider, in: FS Engelhardt (1997), S. 26-27.
[107] Vgl. zum Einfluss der Besteuerung auf den Mittel- und Absatzbereich Rose, in: FS Gutenberg (1973), S. 389-397.
[108] Vgl. Schneider, ZfB Ergänzungsheft 2001, S. 6.
[109] Vgl. Maleri, in: Handbuch Dienstleistungsmanagement (1998), S. 119-123.
[110] Zur Diskussion zahlreicher Abgrenzungsmerkmale mit entsprechenden Nachweisen vgl. Kleinaltenkamp, in: Handbuch Dienstleistungsmanagement (1998), S. 34-42; ebenfalls Altenburger, in: FS Dyckhoff (2016), S. 222-224; bereits Voigt mit einer eigenen Lösung, alle Güter als Rechte aufzufassen, vgl. Voigt, ARSP 1912, S. 312-316.
[111] Vgl. zu diesem Ansatz Woratschek, in: Fließ (2003), S. 222.

Der Einbezug des Vertrages als für Dienstleistungen vorangehende schuldrechtliche Konstitution wechselseitiger Ansprüche ermöglicht eine sinnvolle, wenn auch nicht vollkommen rechtssichere Differenzierung.[112] Während die Sachleistung aufgrund ihrer Materialität speicherbar ist und damit unabhängig von rechtlichen Verpflichtungen erstellt werden kann, müssen Dienstleistungen regelmäßig zeitgleich erstellt und zweckgerichtet erfüllt werden.[113] Der synallagmatische Dienstvertrag ermöglicht hierbei die Überbrückung eines Teils ausschließlich immateriellen, zeitlich andauernden entgeltlichen Anspruchs, der weder objektiv noch subjektiv, vom Gläubiger aber zumindest positiv eingeschätzt wird.[114] Daraus resultiert die Definition der Dienstleistung als „... von einer geplanten leistungswirtschaften Aktivität [...] bewirkte Änderung eines Zustands, die vom Leistungsempfänger positiv beurteilt wird“[115], sowie die grundlegende Feststellung, dass realökonomische und rechtliche Transformation nicht separiert werden können.[116] Aus der Verbindung des schuldrechtlichen Vertrags mit der ökonomischen Betrachtungsweise folgt dann auch für die unterschiedlichen handelsrechtlich denkbaren Realisationszeitpunkte, dass die Dienstleistung erbracht sein muss und dadurch der Anspruch *so gut wie sicher* wird.[117] Aus Verträgen und der geltenden Rechtsordnung folgen zuletzt noch ökonomisch verwertbare Verfügungsrechte über Sachen und Dienste[118] als Abbildung noch überhaupt nicht oder teilweise nicht wirksamer, dauerhafter Rechtsleistungen.[119]

Nicht jede Leistungsverwertung erfolgt auch bei Annahme des Erwerbswirtschaftens in Form des entgeltlichen Absatzes oder ist Teil darauf abzielender Prozesse.[120] Auch ist nicht jede realökonomisch erstellte oder vorhandene Leistung unmittelbar im Rahmen des Erwerbswirtschaftens entgeltlich verwertbar und kann so als Rechenelement abgebildet werden.[121] Unterschieden werden müssen zudem auch bei realökonomisch gehaltvollen Vorgängen resultierende Werte in subjektive und objektive Größen.[122]

---

[112] Vgl. zu zivilrechtlichen Grundlagen und Problemen des Dienstleistungsbegriffs Bartl, in: Handbuch Dienstleistungsmanagement (1998), S. 349-355 und 367-369.
[113] Vgl. Lehmann (2003a), S. 209-210.
[114] Vgl. ausf. zu diesem Begriff, dessen Inhalte und Besonderheiten Bruns, AcP 1978, S. 34-44.
[115] Lehmann (2003a), S. 224 im Original kursiv.
[116] Vgl. Lehmann (2003a), S. 225-228.
[117] Vgl. Marx, StuB 2016, S. 329; Priester, DB 2016, S. 1026.
[118] Vgl. Picot, in: Ordelheide/Rudolph/Büsselmann (1991), S. 145.
[119] Vgl. für eine Gesamtübersicht Lehmann (2003a), S. 244, weiterhin S. 326-328.
[120] Vgl. näher zu dieser Unterscheidung Gutenberg (1984), S. 1-3.
[121] Vgl. zur Leistungsbereitschaft am Beispiel des Kapazitätseffekts und zum Zahlungsaspekt Schneider (1992), S. 8-10.
[122] Vgl. hierzu Lehmann/Moog (1996), S. 225-237.

Sinnvoll ist deshalb im einkommensteuerlichen Kontext eine Objektivierung der quantitativen verwirklichten Mehrung des Steuerpflichtigen durch Einschränkung auf Leistungen, die im Tauschprozess gehandelt wurden und dabei einen in Höhe des Absatzpreises verwirklichten Geldwert offenbaren.[123] Separiert werden muss dann die im Moment der Umsatzverwirklichung erzielte rechenökonomische Mehrung und hierfür leistungswirtschaftlich eingesetzte Einsatzfaktoren[124] innerhalb der Erwerbssphäre von jenen der allgemein unbeachtlichen Konsumsphäre. Unter den möglichen Formen der Leistungsverwendung[125] sind folglich nur produktiv eingesetzte geldwerte Teilleistungen einkommensteuerlich zu berücksichtigen. Hierbei hilft eine Betrachtung der im Absatzvorgang veräußerten Leistung als Bündel von materiellen oder immateriellen Teilleistungen.[126] Negativ abzugrenzen ist die unentgeltliche Leistungsabgabe, die überhaupt nicht oder eventuell im Rahmen der Erbschaft- und Schenkungsteuer besteuert werden könnte.

Die leistungswirtschaftlich bewirkte realökonomische Mehrung kann weiterhin in zwei Kategorien eingeteilt werden, die zugleich das Vermögen des Steuerpflichtigen kennzeichnen. Darin befindet sich dessen Humankapital, bestehend aus dem Wissen und der Arbeitskraft, sowie das sonstige Vermögen, welches Sachgüter und Verfügungsrechte umfasst.[127] Das geltende Steuerrecht ist neben ethischen Gründen bereits technisch nicht auf die Erfassung des Humankapitals ausgerichtet.[128] Einkommensteuerlich erfasst wird deshalb lediglich eine Partialabbildung des Vermögens. Weiterhin wird nicht das sonstige Vermögen als realökonomische Menge, sondern nur dessen geldwerter Ausdruck, das Reinvermögen,[129] in Höhe seiner periodischen Mehrung bemessen. Im Bereich der Gewinneinkünfte ist der Begriff des Wirtschaftsguts maßgeblich, an das erhöhte Objektivierungserfordernisse gestellt wird.[130]

---

[123] Diese Güter wurden dann nicht mehr nur als wirtschaftliches, sondern mit Hermann als Tauschgüter bezeichnet, vgl. Amonn (1927), S. 297-298.

[124] Darin enthalten sind auch zur Einkommenserzielung relevante Kosten. Diese werden auch hier zur Vereinfachung nur implizit berücksichtigt.

[125] Vgl. anschaulich Lehmann (2003a), S. 27.

[126] Vgl. Woratschek, der markt 1996, S. 59.

[127] Vgl. Schneider (1992), S. 1; zu Begriffsinhalten des Humankapitals in der Ökonomie Thoma, zfwu 2006, S. 304-307.

[128] Zur Abbildungsmöglichkeit in einer sog. Wissensbilanz vgl. Zurwehme, DBW 2008, S. 483-487.

[129] Vgl. Schneider (1992), S. 2. Genauer zur (national-)ökonomischen Ausdifferenzierung des Vermögensbegriffes Seeberg, JfNuS 1963, S. 503-508; historisch zur Suche einer geeigneten *Geld-Preissumme* als *Vermögensausdruck* Weyermann, JfNuS 1916, S. 210-214.

[130] Vgl. bspw. im Fall der immateriellen Güter Marx, BB 1994, S. 2384.

Je nach Herkunft können drei Kategorien von Reinvermögensmehrungen unterschieden werden. Werden Leistungen nicht über Markthandlungen verwertet, besteht noch die Möglichkeit der Eigenherstellung marktfähiger Güter zur Selbstnutzung, zumeist dann in der steuerlich schwierig zu erfassenden Privatsphäre des Steuerpflichtigen.[131] Eigenständig abgegrenzt werden soll in dieser Untersuchung die dritte Kategorie des *imputed income* als all diejenigen nur bedingt geldwerten Leistungen, deren Mehrung abseits von jeglichen Marktvorgängen erzielt wird.[132] Hierzu zählen jegliche Verbräuche und Gebräuche von Gütern sowie mitunter auch Ausgabenersparnisse.[133] Das imputed income kann nutzen- oder entstehungsseitig als Mehrung gedeutet werden, ist jedoch in beiden Fällen kein Ergebnis einer objektivierbaren Leistungsverwertung. Bisherige Teilergebnisse führt Abbildung 1 vereinfacht zusammen.

Abbildung 1: Handlungen und Güter als Gegenstand der Einkommensteuer

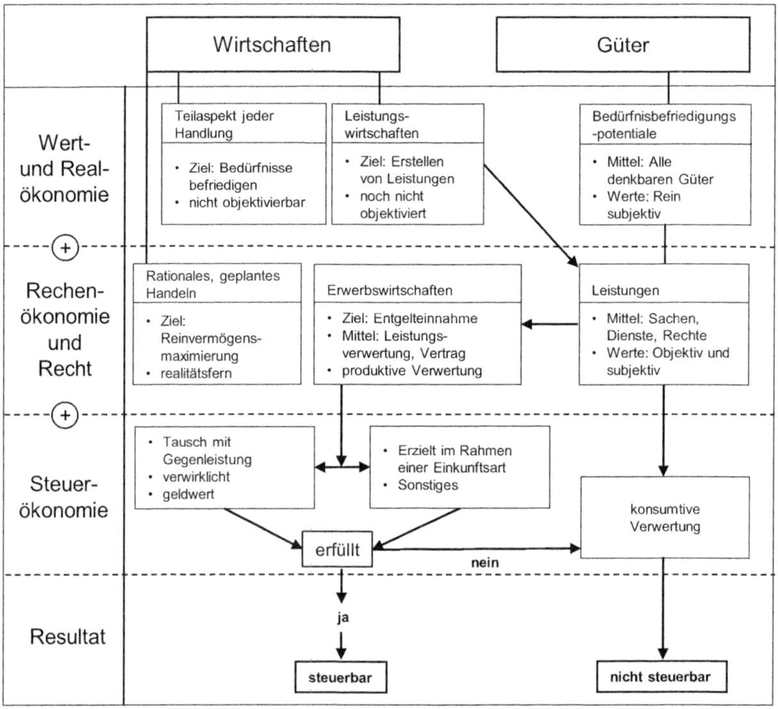

Wirtschaften
Güter
Wert- und Realökonomie
Teilaspekt jeder Handlung
• Ziel: Bedürfnisse befriedigen
• nicht objektivierbar
Leistungswirtschaften
• Ziel: Erstellen von Leistungen
• noch nicht objektiviert
Bedürfnisbefriedigungs-potentiale
• Mittel: Alle denkbaren Güter
• Werte: Rein subjektiv
Rechenökonomie und Recht
Rationales, geplantes Handeln
• Ziel: Reinvermögens-maximierung
• realitätsfern
Erwerbswirtschaften
• Ziel: Entgelteinnahme
• Mittel: Leistungs-verwertung, Vertrag
• produktive Verwertung
Leistungen
• Mittel: Sachen, Dienste, Rechte
• Werte: Objektiv und subjektiv
Steuerökonomie
• Tausch mit Gegenleistung
• verwirklicht
• geldwert
• Erzielt im Rahmen einer Einkunftsart
• Sonstiges
konsumtive Verwertung
erfüllt
nein
ja
Resultat
steuerbar
nicht steuerbar

Quelle: Eigene Darstellung in Anlehnung an **Lehmann** (2003a), S. 27-28, 34 (modifiziert und erweitert).

[131] Vgl. Schneider (2002), S. 41-42.
[132] Vgl. zu dieser Definition Marsh, PSQ 1943, S. 514.
[133] Vgl. Schneider (2002), S. 42.

3 Einkommen als Maßgröße steuerlicher Leistungsfähigkeit

3.1 Gleichmäßigkeit der Besteuerung

Steuern sind nach § 3 AO unabhängig von ihrer Verwendung zwangsweise zu entrichten. Die vom Steuerpflichtigen zu erbringende Geldleistung beschreibt dabei kein äquivalentes Tauschverhältnis, sondern ein „Opfer", weshalb dieses gleichmäßig aufzuerlegen ist.[134] Das so formulierte Leitprinzip und Rechnungszweck der Ausgestaltung des Einkommensteuerrechts, die Gleichmäßigkeit der Besteuerung, kann auch anderweitig hergeleitet werden: Aus einzelwirtschaftlicher Sicht anhand evolutorischer Denkmuster[135], als Ableitung des Gleichheitssatzes gemäß Art. 3 Abs. 1 GG und damit verfassungsrechtliches Gebot[136] oder schlicht, weil es die Sittlichkeit gebietet.[137] Differenziert werden können dabei zwei Gerechtigkeitsebenen. Vertikale Gleichmäßigkeit bedeutet, ungleiche Sachverhalte gleichmäßig ungleichmäßig zu behandeln und führt als ein nur begrenzt objektivierbares Konzept[138] noch immer zu einem der fundamentalsten Meinungsverschiedenheiten in den Steuerwissenschaften.[139] Bezüglich des Untersuchungsgegenstandes interessiert zunächst nur die horizontale Gleichmäßigkeit. Horizontale Gleichmäßigkeit bedeutet in relativer Dimension, wesentlich gleiche wirtschaftliche Sachverhalte gleich zu behandeln[140] und absolut, den Steuerpflichtigen nach seinem zunächst unbestimmt definierten Theoriebegriff *Einkommen* zu besteuern.[141] Der Ebene der steuerlichen Einkommensermittlung vorgelagerte reale und rechtliche Ungleichheiten dürfen deshalb unter Umständen zu differenzierten Ergebnissen führen.[142]

---

[134] Vgl. Neumann, in: Kirchhof/Neumann (2001), S. 26-28; Schäfer, ORDO 2005, S. 142-144.

[135] Denkbar anhand des Rawlschen Schleier des Nichtwissens, vgl. Bareis, in: Rose (2003), S. 272-275; Siegel, in: FS Schneeloch (2007), S. 274; Siegel, in: FS Mellwig (2007), S. 417; aus marktwirtschaftlicher Sicht Schmiel, ME 2016, S. 384.

[136] Vgl. Breinersdorfer, DStR 2010, S. 2492-2494.

[137] Vgl. zu diesem und weiteren *Steuerprinzipien* mit Einzelnachweisen Kambe, FinArch 1908, S. 2-5.

[138] Vgl. mit entsprechenden Nachweisen Hundsdoerfer/Kiesewetter/Sureth, ZfB 2008, S. 103-104; Siegel, BFuP 2007, S. 635-639; Schmiel, ZfB 2009, S. 1203; krit. bspw. Elschen, StuW 1991, S. 111-113.

[139] Vgl. Hey, in: Tipke/Lang (2015), § 3, Rz. 73.

[140] Vgl. statt vieler BVerfG, Urteil vom 09.03.2009, BVerfGE 110, S. 94.

[141] Vgl. Schmiel, ZSteu 2011, S. 119-120. Schmiel selbst spricht im Kontext der Untersuchung von einem *wirtschaftlichen Einkommen* als Gewinn nach Maßgabe der GoB. Gemeint ist folglich ein modifiziertes realökonomisches Einkommen, dass nicht unmittelbar jegliche Reinvermögensänderung abbildet (S. 124). Vermutlich ist Einkommen hierbei ein realisierter Reinvermögenszugang, möglicherweise im Sinne Schneiders (vgl. Kapitel 4.4).

[142] Vgl. für einen solchen Diskurs im Falle der Rechtsformneutralität Schneider, DB 2004, S. 1520; Schmiel, BFuP 2006, S. 252-258; krit. aus verfassungsrechtlicher Sicht Hey, in: FS Herzig (2010), S. 14-17.

Zur Realisierung einer horizontal gleichmäßigen Besteuerung dient im geltenden Einkommensteuerrecht das selbst nur tautologisch definierbare Leistungsfähigkeitsprinzip als Fachausdruck für den Maßstab, anhand dessen realwirtschaftliche Sachverhalte einheitlich abgebildet werden sollen.[143] Abstrakt umschrieben sollen dabei die wirtschaftliche Kraft[144], die wirtschaftliche Lage[145] oder wirtschaftliche Verhältnisse abgebildet werden. Naheliegend wäre auf Grundlage der bisherigen Untersuchung, die real erwirtschaftete Reinvermögensmehrung möglichst zweckmäßig in der Ökonomie des Steuerrechts abzubilden, folglich quantitativ und qualitativ-rechtlich nur aufgrund realökonomisch gehaltvoller Sachverhalte zu modifizieren. Dabei sollte die gesamte erwerbswirtschaftliche Aktivität des Steuerpflichtigen erfasst werden.[146] Idealerweise wäre hingegen die abstrakte Forderung verwirklicht, dass sämtliche das wirtschaftliche Potential des Steuerpflichtigen verkörpernde Einkommensbestandteile umfassend und lückenlos berücksichtigt werden.[147] Sowohl das Ableiten des Sollens aus dem Sein als auch die Umkehrung dieses Fehlschlusses sind oftmals diskutiert worden.[148] Zumindest zu bedenken ist, dass das geltende Einkommensteuerrecht nur verwirklichte Sachverhalte besteuert, das Leistungsfähigkeitsprinzip deshalb als Ist-Prinzip auszugestalten wäre.[149]

In solch abstrakten Umschreibungen erweckt das Leistungsfähigkeitsprinzip den Anschein, dass dessen objektive Wirklichkeit, das wirkliche Sein[150], letztlich verborgen bleiben muss. Dementsprechend wichtig ist die Erkenntnis, dass das Leistungsfähigkeitsprinzip nicht bereits existiert, sondern erst in der Einkommenskonzeption ausgeformt wird.[151] Die Güte dieses Ausdrucks kann dann mithilfe von individuellen Gerechtigkeitsvorstellungen beurteilt werden. Nicht abgeleitet werden sollte daraus hingegen eine fehlende Leistungsfähigkeit des Leistungsfähigkeitsprinzips.[152] Vielmehr bedarf

---

[143] Vgl. Schneider (2002), S. 232-234.
[144] Vgl. Schanz, FinArch 1896, S. 5.
[145] Vgl. Schneider (2002), S. 231.
[146] Vgl. Bareis, in: FS Rose (2003), S. 454.
[147] Vgl. Pollak, in: Kirchhof/Neumann (2001), S. 49-50.
[148] Vgl. Ambrus, JGPS 2001, S. 210.
[149] Vgl. Tipke (2003), S. 631-638.
[150] Zur platonischen „Idee“ bzw. „Form“ in Platons Ideenlehre vgl. anschaulich und prägnant Patzig, A&A 1970, insb. S. 113-115.
[151] Vgl. in diesem Sinne Brandis, StuW 1987, S. 290.
[152] Vgl. bspw. Littmann, FinArch 1968, S. 177-180; Wagner, StuW 1992, S. 10-12; Wagner, BB 2002, S. 1888; zur Kritik an vermeintlichen Leerformeln anderer Autoren, die unweigerlich zur Kritik an dem Leistungsfähigkeitsprinzip selbst führt, denn Wenger äußert nur sein eigenes Werturteil, indem Leistungsfähigkeit *an den Entscheidungskriterien des Steuerpflichtigen orientiert* werden sollte, vgl. Wenger, in: FS Rose (2003), S. 179-182, anschließend S. 182-194.

es als unbestimmtes und entwicklungsoffenes Konzept einer sachgerechten Konkretisierung.[153]

Auch dies ist Aufgabe der Einkommenstheorie bzw. -konzeption, in der sich das Leistungsfähigkeitsprinzip entfaltet. Innerhalb dessen Gedankengebäudes sollen hierfür Güter in einem Einkommensbegriff in dergestalt konkretisiert und erläutert werden, dass realökonomische Sachverhalte in eine Maßgröße für steuerliche Leistungsfähigkeit übersetzt und quantitativ messbar gemacht werden können.[154] Der Untersuchungsgegenstand führt deshalb unmittelbar zur Frage, was Leistungsfähigkeit verkörpert und wie diese Suchgröße theoretisch und praktisch ermittelt werden kann.[155] Obwohl dabei nur eine wirtschaftliche Realität abgebildet kann,[156] existieren jedoch grundverschiedene Einkommensbegriffe und Leistungsfähigkeitskonzeptionen. Für eine erfahrungswissenschaftliche Untersuchung sind jedoch Erfahrungstatbestände maßgeblich. Im geltenden Einkommensteuerrecht wird realökonomisch relevantes Handeln in geldwerten Größen ausgedrückt. Deshalb ist eine steuerliche Leistungsfähigkeit statt einer abstrakt anmutenden wirtschaftlichen Leistungsfähigkeit im Grunde treffender als finanzielle Leistungsfähigkeit[157] beschrieben.[158] Dabei gilt es zu beachten, dass nicht jede in der steuerlichen Rechnungslegung gemessene Zahl automatisch zu einer quantitativen Messung führt.[159] Vor diesem Hintergrund werden Fiktionen auf rechenökonomischer, rechtlicher oder gar einer anderen Ebene besonders kritisch zu untersuchen sein. Letztlich ist bei einer solchen Worthülse natürlich nicht die Bezeichnung entscheidend, sondern ihre Explikation. Vorweggenommen werden kann bereits, dass Uneinigkeit darüber besteht, welche Merkmale tatsächlich steuerlich relevante Leistungsfähigkeit verkörpern und daher entsprechende Berücksichtigung finden sollten.

---

[153] Vgl. Schneider (2002), S. 231-232; Lang, FR 1993, S. 666; Birk, StuW 2000, S. 228-229; Pohmer, FinArch 1988, S. 139.
[154] Vgl. Schneider, in FS Scherpf (1983), S. 29.
[155] Vgl. Desens, in: Jachmann (2014), S. 119-120.
[156] Vgl. Franz, StuW 1988, S. 17.
[157] Ohne eine solche Wertung unterstellen zu wollen, wenden einige Autoren möglicherweise bewusst diesen Begriff an, vgl. bspw. Mellinghoff, Stbg 2007, S. 549-559; statt vieler BVerfG, Beschluss vom 07.05.2013, BVerfGE 133, S. 377; Marx, FR 2016, S. 390.
[158] Vgl. zu denkbaren Bedeutungsdifferenzen Schneider (2002), S. 238-239.
[159] Vgl. hierfür Schneider (2011), S. 155-158 sowie S. 170-179 bezüglich der Gleichmäßigkeit der Besteuerung.

Während das Leistungsfähigkeitsprinzip aufgrund seiner Natur so noch unbestimmt bleiben muss, können aus der ihr zugrundeliegenden Idee weitere Anforderungen abgeleitet werden,[160] welche übergreifend oder ergänzend Bestand haben sollten. Diese können unterstützend wirken, wo das Leistungsfähigkeitsprinzip nicht unmittelbar Geltung besitzt. Dabei gilt weiterhin, dass die wirtschaftliche Position des Steuerpflichtigen möglichst wirklichkeitsgetreu abgebildet und anschließend systemgetreu gewürdigt werden soll.[161] Stets wird dementsprechend neben einer möglichst großen Objektivierung eine realökonomische Fundierung besteuerungsrelevanter Sachverhalte zu fordern sein.[162]

Weil Träger steuerlicher Leistungsfähigkeit nur die natürliche Person sein kann, ist das Unternehmen als Kontraktgeflecht von Anspruchsberechtigten anzusehen.[163] Ein steuerrechtlich zu ermittelnder Gewinn ist deshalb als Bestandteil des Gesamteinkommens des Gesellschafters zu verstehen. In ihrer Funktion als Indikator für finanzielle Leistungsfähigkeit zur gleichmäßigen Besteuerung[164] liegt beiden Größen deshalb derselbe Rechnungszweck zugrunde. Weil die jeweiligen Einkunftsarten nur das Resultat der individuellen unternehmerischen Tätigkeit des Steuerpflichtigen verkörpern, Merkmale wie die Anstrengung, Intention oder die Umstände der Einkünfteerzielung jedoch dem Gesetzgeber verborgen bleiben, sind alle Einkommensbestandteile gleichwertig zu behandeln.[165]

Leistungsfähigkeit bedeutet nicht die Fähigkeit, Steuerzahlungen tatsächlich erbringen zu können.[166] Liquidität ist zunächst auch kein Indikator für eine Gleichmäßigkeit der Besteuerung[167] oder verkörpert unmittelbar Leistungsfähigkeit. Weil die Steuerzahlung aber Liquidität in Form von Währungsgeld voraussetzt, ist Leistungsfähigkeit als eine Funktion von einer zu erhaltenden Zahlungsfähigkeit zu verstehen.[168] Insbesondere

---

[160] In diesem Sinne bei Marx, in: Schmiel/Breithecker (2008), S. 201 mit weiteren Nachweisen.
[161] Vgl. Kirchhof, StuW 1984, S. 301-302.
[162] Vgl. Marx, BB 2011, S. 1005.
[163] Dieser Ansatz geht zurück auf Coase, vgl. Coase, Economica 1937, S. 390-394; Marx, FR 2016, S. 391; für eine Erläuterung auch des institutionalen Verständnisses vgl. Schmiel, DBW 2002, S. 475.
[164] Vgl. Marx, StuB 2012, S. 292; Marx, FR 2016, S. 390-391.
[165] Vgl. Bareis, in: FS Wacker (2006), S. 30-31 mit Verweis auf die deshalb entbehrliche Differenzierung in unternehmerische und nicht-unternehmerische Einkünfte, so jedoch bspw. Lang, vgl. Lang, in: FS Schneider (1995), S. 408.
[166] So aber Kaiser, vgl. Kaiser, FR 1993, S. 561-562; vgl. krit. zu möglichen Begriffsinhalten dieser Bezeichnung Schneider (1994), S. 28-29.
[167] Vgl. Schmiel, ORDO 2013, S. 151.
[168] Vgl. Elicker, StuW 2002, S. 219-220.

rein buchmäßige Erfolge durch Modifikationen der Reinvermögensmehrung können das Entrichten der Steuerzahlung erschweren oder in Sonderfällen existenzgefährdend wirken,[169] führen also zu einer realökonomischen Beeinträchtigung des Steuerpflichtigen und zwingen im Zweifel zur Mittelbeschaffung.

Übereinstimmend mit den bisherigen Ausführungen bildet sich ein Grundgedanke, nach dem der Einkommensbegriff konzipiert sein muss. Gegenstand und Umfang der steuerbaren Güter sind auf eine nachhaltig entziehbare Größe zu begrenzen.[170] Wenn auch außerhalb des Steuerbilanzrechts weniger operabel, ist der Fiskus als stiller Teilhaber am wirtschaftlichen Erfolg des Steuerpflichtigen zu sehen.[171] Die Vorstellung eines nachhaltigen Steuereingriffs umfasst letztlich auch die gesamte wirtschaftliche Tätigkeit des Steuerpflichtigen und führt zur Diskussion um mögliche Entscheidungswirkungen der Besteuerung.

3.2 Entscheidungswirkungen der Besteuerung

Werden Steuerpflichtige ungleichmäßig besteuert, resultieren ex-post neben den Steuerwirkungen in Höhe der unmittelbaren Steuerzahlung auch ethische Kosten in Höhe der Ungleichbehandlung.[172] Soweit ex-ante der Steuerpflichtige über Wissen beider Wirkungen verfügt und diese als Beeinträchtigung empfindet, besteht der Anreiz,[173] der ungleichmäßigen Steuerlast auszuweichen oder von ihr zu profitieren. Die Grundlage hierfür bildet das steuervermeidende Kalkül des Steuerpflichtigen, für den die Steuerlast grundsätzlich einen negativen Zielbeitrag darstellt,[174] sodass rechenökonomisches begleitendes Rechnen[175] zu real- oder steuerökonomischen Antizipationshandlungen führen kann. Unabhängig davon, ob das erwerbswirtschaftliche Handeln nun selbst ethisch und damit ethisch reflexionswürdig[176] wäre, stellt sich die Frage, in

[169] Vgl. Braun/Geist, BB 2013, S. 351.
[170] Vgl. Marx, BB 2011, S. 1006.
[171] In diesem Sinne auch Marx, BB 2011, S. 1005-1006; erstmals als Gleichstellungsthese 1902 formuliert, vgl. hierzu Velte, Ubg 2015, S. 272; bekannt jedoch insbesondere im Kontext des Maßgeblichkeitsprinzips, vgl. Döllerer, BB 1971, S. 1335; krit. zu diesem Konzept Wagner, vgl. Wagner, StuW 2014, S. 202; Wagner, in: FS Ballwieser (2014), S. 924-926.
[172] Vgl. Schneider (2011), S. 170-171.
[173] Vgl. Schneider, in: FS Siegel (2005), S. 656.
[174] Vgl. Wagner, DStR 2014, S. 1136.
[175] Vgl. zu diesem Konzept in einem anderen Kontext Lehmann (2003a), S. 51-52.
[176] Vgl. zum Diskurs Thielemann, ZfB 2007, S. 183-185 und Albach, ZfB 2007, S. 200-201, krit. zu dieser Diskussion Schneider, zfbf 1989, S. 32-33.

welchem Ausmaß die Steuerlast den Steuerpflichtigen in seinem Wirken ungleichmäßig beeinflusst oder beeinflussen darf. Notwendig sind hierfür Kenntnisse über Entscheidungswirkungen der Besteuerung.

Innerhalb einer Marktwirtschaft wäre grundsätzlich ein entscheidungsneutrales Besteuerungssystem als Ideal anzusehen, welches deshalb zugleich den Nullpunkt bzw. Eichstrich für die Beurteilung von Steuerwirkungen darstellen würde.[177] Wird ein vereinfachtes, zumeist innerhalb einer erklärenden neoklassischen Theorie eingebettetes Weltbild unterstellt, können Präferenzänderungen und dadurch resultierende steuerinduzierte Allokationsineffizienzen modelltheoretisch ermittelt werden.[178] Auf diese Weise können insbesondere die stetig weiterentwickelten Modelle einer investitions- und finanzierungsneutralen Besteuerung unterschieden werden.[179] Je nach untersuchter Fragestellung sind noch weitere Einzelausprägungen denkbar, die auch von der steuerwissenschaftlich eingenommenen Perspektive abhängen.[180] Auf Grundlage dieser Überlegungen kann dann das Kriterium der Gleichmäßigkeit der Besteuerung abschließend definiert werden. Mithilfe von Modellen wie das des ökonomischen Gewinns kann unter Zugrundlegung einiger Modellannahmen ein gleichmäßiges System dann auch eindeutig mit einer entscheidungsneutralen Besteuerung in Einklang gebracht werden.[181] Im Rahmen dieses Konstrukts vermag ebenfalls geschlussfolgert werden, dass anhand empirischer Forschung extrapolierte Entscheidungs- und Verhaltensmuster der Steuerpflichtigen nur entscheidungswirksam sind, wenn sie im Theoriemodell Berücksichtigung finden.[182] Teils wird das Postulat einer entscheidungsneutralen Besteuerung auch als eigenständige Alternative zur Besteuerung nach der Leistungsfähigkeit gedeutet.[183]

---

[177] Vgl. Schneider (1992), S. 193.
[178] Vgl. ausf. Elschen, StuW 1991, S. 102-105.
[179] Vgl. bspw. Diller/Grottke/Lorenz, WiSt 2015, S. 606-612; Ott, DBW 2013, S. 402-406; Richter, BB 1990, S. 760-761.
[180] Vgl. Musil/Leibohm, FR 2008, S. 807-810; Herzig, StuW 2000, S. 379-380; ausf. Elschen/Hüchtebrock, FinArch 1983, S. 257-263.
[181] Vgl. bspw. Hemmerich/Kiesewetter, zfbf 2014, S. 103-105; differenzierter, nach Kritik jedoch mit Forderung einer Besteuerung des Totalgewinns bei Diller/Grottke, ZfB 2010, S. 125-129.
[182] Vgl. bspw. Kahle/Günter, StuW 2012, S. 51.
[183] Vgl. bspw. Hundsdoerfer/Kiesewetter/Sureth, ZfB 2008, S. 69.

Es ist insbesondere der erfahrungswissenschaftlich zweifelhafte Gehalt der realitätsvereinfachenden Modellannahmen, die gegen ein solches Verständnis einer entscheidungsneutralen Besteuerung sprechen.[184] Unabhängig davon, ob die jeweiligen Theorien nun doch logisch widersprüchlich konzipiert werden oder nicht, wird von Anwendern der Modelltheorie unbestritten ein Weltbild angenommen, das insbesondere unvorhergesehene ex-post Ereignisse und Liquidität ausblendet oder durch weitere Annahmen substituiert.[185] Zudem wird unterstellt, dass der Steuerpflichtige komplexe Entscheidungen unter Unsicherheit nicht nur vernünftig, sondern explizit durch Anwendung des modelltheoretischen Ergebnisses treffen wird.[186] Zwar kann diese Annahme im Einzelfall im Rahmen des Erwerbswirtschaftens zutreffen, sollte jedoch nicht als Regelmäßigkeit unterstellt werden.[187] Bisher erläuterte Ergebnisse beruhen auf einem Verständnis von Gleichmäßigkeit, dass auf ein sich der Vereinfachung verwehrendes, nicht vollständig erklärbares Weltbild abstellt.[188] Die Untersuchung ist auf ein komplexes erwerbswirtschaftliches Kalkül einer komplexen Besteuerungsrealität ausgerichtet.

Weil im Rahmen dieser Untersuchung die Einkommensermittlung jedoch zweitrangig bleibt, können Entscheidungswirkungen des Einkommensbegriffes nur rudimentär vermutet werden. Sofern die Umsetzung eines Einkommensbegriffs keine Modifikationen auf Ebene des Steuerrechts erfordert, bleibt nur der pauschale Blick auf die Breite der Bemessungsgrundlage. Der Einkommensbegriff sollte im Gegensatz zur Modelltheorie nicht darauf ausgerichtet sein, Entscheidungswirkungen vollends neutralisieren zu wollen. Das Postulat der Entscheidungsneutralität der Besteuerung wird stattdessen lediglich auf eine Verringerung von Entscheidungswirkungen abgestuft.[189] Als Eichstrich dient dann eine wirklichkeitsgetreu ausgerichtete gleichmäßige Besteuerung, die an der von einer natürlichen Person tatsächlich erzielten Vermögensmehrung nach

---

[184] Vgl. zu einer kritischen Würdigung einiger Variationen im Bereich der Gewinnermittlung Schmiel, in: Dintner et al. (2007), S. 3-10. Aus methodologischer Sicht zur Abbildung der Realität anhand neoklassischer Modelle vgl. Schmiel, in: Zelewski/Akca (2006), S. 160-161.

[185] Vgl. hierzu kritisch Schneider, zfbf 2009a, S. 127-133, „Diagnosehilfe" (S. 130); zur Replik des arqus vgl. Blaufus et al., zfbf 2009, S. 463-466; zur Erwiderung auf diesen Beitrag vgl. Schneider, zfbf 2009b, S. 467-468.

[186] Vgl. zu einer denkbaren, jedoch nicht realitätsgerechten Beratungseinflusshypothese Schmiel, in: Scherer/Kaufmann/Patzer (2009), S. 156-160.

[187] Vgl. zum Begriff der *erfahrungswissenschaftlichen Aussage* und der *Regelmäßigkeit* aus methodologischer Sicht Schmiel, in: Zelewski/Akca (2006), S. 150-153.

[188] Vgl. in diesem Sinne prägnant erläutert von Hayek, AER 1999, S. 3-4.

[189] Vgl. Schmiel, in: FS Assenmacher (2012), S. 220-221.

Maßgabe des Leistungsfähigkeitsfähigkeitsprinzips anknüpft.[190] Soweit Steuerpflichtige versuchen ihre Steuerlast durch Vermeidungshandlungen zu minimieren, wäre eine ungleichmäßige Besteuerung zu vermuten, sodass beide Postulate zielkongruent, jedoch nicht identisch ausgestaltet sind.[191]

Es ist untersucht worden, dass auch bei Annahme einer erwerbswirtschaftlichen Tätigkeit weder eine auf gesamtwirtschaftliche Effizienz, noch eine auf den einzelnen Tauschakt abstellende Entscheidungsneutralität zur Identifikation von Entscheidungswirkungen unter Unsicherheit zweifelsfrei geeignet sind.[192] In Grenzen kann das Erwerbsprinzip für die Untersuchung dennoch nutzbar gemacht werden. So besteht grundsätzlich die Möglichkeit, den Einkommensgegenstand umfassend oder lediglich bewusst stark pauschaliert zu bestimmen.[193] Naheliegend erscheint, dass das Einkommenskonzept auf die marktwirtschaftliche Zielgröße des Steuerpflichtigen ausgerichtet werden sollte.[194] Dieser strebt grundsätzlich die Erzielung einer Reinvermögensmehrung an. Das Steuerrecht erfasst diese aus Objektivierungsgründen im Falle des Umsatzes in Höhe des Entgelts. Weiterhin zwingt der Grundsatz der Rechtssicherheit zu einem Abgleich der ökonomischen Zielfunktion des Steuerpflichtigen mit zivilrechtlichen Strukturen und Schranken des Steuerrechts.[195] Eine Nichterfassung nicht geldwerter Größen könnte auch im Hinblick auf die bisherige Untersuchung als ein angemessener Kompromiss betrachtet werden.[196] Soweit das Steuerobjekt dieser Zielgröße entspricht, wäre eine Ausweichhandlung dann weiterhin unwahrscheinlich, weil unvernünftig.[197] Dennoch resultiert aus der Nichterfassung nicht umsatzbewirkter Reinvermögensänderungen ein Anreiz zur Steuerausweichhandlung durch Verschiebung der realökonomischen Tätigkeit in die steuerlich nicht erfasste Konsumsphäre des Steuerpflichtigen.[198] Zumindest diesen Einwand relativiert, dass eine solche Vermeidungshandlung realökonomisch nur begrenzt und oftmals unter erhöhtem Aufwand realisierbar sein wird. Eine lückenlose Erfassung der Reinvermögensänderungen wäre dennoch zu präferieren.

---

[190] Vgl. zu einer solchen Konzeption von Schmiel, ORDO 2013, S. 146-148.
[191] Vgl. Schmiel, ZfB 2009, S. 1202-1205, hier S. 1205.
[192] Schmiel kritisiert das Fehlen einer Definition von Unsicherheit im Rahmen der jeweiligen Konzeptionen von Schneider und Elschen, vgl. Schmiel, DU 2010, S. 463-465.
[193] Vgl. Wagner, StuW 2005, S. 98.
[194] Vgl. Schneider, StuW 1989, S. 331.
[195] Vgl. Wagner, StuW 1992, S. 8.
[196] Vgl. in diesem Sinne Wagner, in: Ordelheide/Rudolph/Büsselmann (1991), S. 80.
[197] Vgl. hierzu am Beispiel des Arbeitseinkommens Wagner, FR 2012, S. 656-657.
[198] Vgl. Wagner, DStR 2014, S. 1138-1141.

Das bereits wahrgenommene Erfordernis einer umfassenden Erfassung der Reinvermögensmehrung des Steuerpflichtigen führt zu einem Grundsatzproblem im Steuerrecht: Die Notwendigkeit, Besteuerungstheorie und -praxis angemessen auszutarieren. Der Gleichheitsgrundsatz erfordert nicht nur eine formale, sondern impliziert ebenfalls eine Vollzugs- und Rechtsanwendungsgleichheit im Massenbesteuerungsverfahren.[199] Leistungsfähigkeit und Einfachheit verwirklichen gemeinsam eine gleichmäßige Besteuerung, weshalb diese sowohl gedanklich, als auch praktisch nur innerhalb einer Bandbreite in einem Über-Unter-Verhältnis stehen. Aus Kapazitätsgründen,[200] sowie aufgrund der informationsasymmetrischen Beziehung zwischen Finanzverwaltung und Steuerpflichtigem ist im modernen, risikoorientierten Besteuerungsverfahren eine Überwälzung von Deklarationspflichten auf den Steuerpflichten notwendig.[201] Dadurch resultiert insbesondere die Gefahr von strukturellen Erhebungsmängeln,[202] sowie ein von Misstrauen geprägtes Kontrollverfahren.[203] Bei einem umfassenden Einkünftetatbestand könnte ein gleichheitsgerechter Steuervollzug dann nur durch Inkaufnahme untragbar hoher, teils nicht-finanzieller Vollzugskosten rechtssicher sichergestellt werden.[204] Die Beziehung von Vollzugskosten und Entscheidungswirkungen verläuft auch nicht zwingend linear oder ist überhaupt eindeutig feststellbar.[205] Darüber hinaus sind viele Einflussfaktoren nicht quantifizierbar, sodass die Frage nach dem optimalen Umfang des Steuergegenstandes innerhalb einer Bandbreite offenbleiben muss.[206]

Letztlich besteht auch im Steuerrecht die Notwendigkeit, innerhalb des Kategorischen zu kompensieren[207], wenn auch generell zugunsten fiskalischer Interessen. Gleichmäßigkeit und damit auch Gerechtigkeit bedeutet deshalb auch, nur im Gesetz zu regeln, was praktisch anschließend angewendet werden kann.[208] Eine gleichheitsgerechte Besteuerung ist deshalb insbesondere dann umgesetzt, wenn der Gesetzgeber ledig-

---

[199] Vgl. Puhl, DStR 1991, S. 1141-1142.
[200] Vgl. Mösbauer, BB 2003, S. 1038.
[201] Vgl. bspw. Baldauf, DStR 2016, S. 833-835.
[202] Vgl. Birk, StuW 2004, S. 277-279.
[203] Vgl. Marx, Ubg 2016, S. 362.
[204] Vgl. Wernsmann, DStR-Beih. 2011, S. 72-73.
[205] Vgl. ausf. hierzu Wagner, PWP 2006, S. 19-25.
[206] Vgl. Wagner, StuW 2010, S. 25.
[207] Vgl. zwar abstrahiert, dennoch passend, Habermas, RIdP 1988, S. 325-330.
[208] Vgl. Tipke, JZ 2009, S. 536; in diesem Sinne auch vgl. Hoßfeld/Schmiel, zfwu 2015, S. 1-2.

lich eine möglichst typisierte und unausweichliche Größe wählt, die im Gegenzug sowohl rechtlich als auch praktisch besteuert werden kann.[209] Diese an der Zielgröße des Steuerpflichtigen auszurichten, erscheint grundsätzlich angemessen.

3.3 Bezugsgrößen steuerlicher Leistungsfähigkeit

Auf Grundlage der bisherigen Teilergebnisse können bereits potenzielle Einkommensbegriffe eingegrenzt werden. Möglich wird dies durch Betrachtung des Einkommensbegriffs aus dem Blickwinkel einer erfahrungswissenschaftlichen Theorie, deren Wesen sich von der juristischen Theorienbildung maßgeblich unterscheidet.[210] Erfahrungswissenschaftliche Theorien können dabei für den Zweck der Untersuchung vereinfacht als Aussagensysteme einer eigenen Sprache beschrieben werden, die anhand eines unter anderem widerspruchslosen, hinreichend und notwendig definierten Axiomensystems Ableitungen (Theoreme) erlauben.[211] Entsprechend kommt der Qualität der formulierten Definitionen und Begriffen eine essentielle Bedeutung zu, insbesondere aufgrund des in Kapitel 2.2 kritisch diskutierten theoretischen und logischen Autonomieanspruchs[212] der heute fortwirkenden Nationalökonomen.[213] Die modelltheoretisch hergeleiteten Ergebnisse bedürfen stets einer empirischen Überprüfung und sind dann als Hypothesen aufzufassen.[214] Nach Schneider können dann vier Gütestüfen einer Theorie geprüft werden.[215]

Den folgenden Einkommenskonzeptionen liegt eine Messtheorie[216] zugrunde, anhand derer das Theoriekonstrukt Einkommen und insbesondere der Steuergegenstand bestimmt wird. Das Gesamtkonstrukt kann dann als metrisierende Theorie[217] bezeichnet werden, deren Wissenswunsch und Rechnungszweck bereits als Gleichmäßigkeit der Besteuerung erläutert wurde. An das Leistungsfähigkeitsprinzip als Maßstab für eine gleichmäßige Besteuerung[218] schließt die Beantwortung des Wissenswunsches in Form des Rechnungsziels als Maßgröße für finanzielle Leistungsfähigkeit, der jedoch

---

[209] Vgl. Kirchhof, StuW 2000, S. 319.
[210] Vgl. hierzu Drüen, in: FS Lang (2010), S. 61-66.
[211] Vgl. für eine präzise und umfassendere Definition Albert, SJES 1957, S. 62-63.
[212] Vgl. bspw. Schneider, ZfgS 1952, S. 609-610.
[213] Vgl. Albert, Kyklos 1960, S. 9-19.
[214] Vgl. Albert, JfNuS 1959, S. 8.
[215] Vgl. Schneider (2011), S. 203-205.
[216] Vgl. zu den drei zentralen Fragestellungen Schneider (1997a), S. 236-237.
[217] Vgl. übersichtlich Schneider (1995), S. 117-119, weiterhin S. 206-211; krit. zu dieser Unterscheidung Schmiel, in: Zelewski/Akca (2006), S. 155 mit weiteren Nachweisen.
[218] Vgl. Schneider (2002), S. 234.

zunächst die Diskussion potenzieller Bezugsgrößen vorangeht.[219] Historisch wurden bisher insbesondere der Mittelerwerb oder die Bedürfnisbefriedigung als verwirklichte oder als Potentialgröße herangezogen.[220]

Soll steuerliche Leistungsfähigkeit das gesamte wirtschaftliche Potential des Steuerpflichtigen abbilden, scheint eine Potentialgröße ideal und zudem entscheidungsneutral, weil unabhängig von jeglichem tatsächlichen Handeln.[221] Definitionsgemäß bestehen Potentiale zu einem Zeitpunkt unabhängig von ihrer künftigen Verwirklichung. Es ist zudem aufgezeigt worden, dass der Umfang von wirtschaftlichen Gütern und damit wirtschaftlich relevantes Potential möglichst umfassend definiert werden sollte. Wird dieser Gedanke streng fortgeführt, kann bspw. auch die Ansicht vertreten werden, die Freizeit des Steuerpflichtigen als Bedürfnisbefriedigungspotential anzusehen, welches durch die Erzielung eines gütermäßigen Einkommens substituiert werden könnte.[222] Andererseits könnten auch die persönlichen Fähigkeiten sowie das Vermögen des Steuerpflichtigen durch hinzugewonnene Freiheit ein Potential zum Mittelerwerb verkörpern.[223] Steuerlich periodisch zu erfassendes Potential verkörpert demnach das gesamte Vermögen des Steuerpflichtigen.[224]

Gegen die steuerliche Erfassung von Potentialen spricht im Allgemeinen neben einer schwächeren Operationalisierbarkeit auch die Gefahr, den Steuerpflichtigen zur Mittelbeschaffung zwecks tatsächlich anfallender Steuerzahlung zu zwingen.[225] Neben den für die Modellierung konstitutiven realitätsverzerrenden Annahmen[226] und praktischen und technischen Schwierigkeiten[227] bei der Implementierung sind gegen beiden Konzeptionen auch ethische Einwände zu richten.[228] Für die geltende Einkommensteuer oder einer daran angelehnten, dem Nachhaltigkeitsgedanken folgenden Variation eignet sich diese Idee daher nicht.

---

[219] Vgl. Schneider, StuW 2000, S. 422-423.
[220] Vgl. Schneider, FinArch 1979, S. 26-32; kompakt bei Treisch (1995), S. 67-72.
[221] Vgl. Schwinger (1992), S. 19.
[222] Vgl. bspw. die Vorstellung von Haller, FinArch 1977, S. 236-243.
[223] Vgl. Haller, FinArch 1977, S. 223-228.
[224] Nach Allingham sollte eine Integration des Faktors Intelligenz in das Modell dennoch möglichst vermieden werden, vgl. Allingham, JPE 1975, S. 364.
[225] Vgl. Schneider, FinArch 1979, S. 41-43.
[226] Vgl. bereits im Falle der *Optimal Taxation Theory*: Mirrlees, TRES 1971, S. 175-208.
[227] Vgl. Haller, FinArch 1988, S. 240-241.
[228] Vgl. ausführlich Schneider (1994), S. 34-38.

Ist die Zielgröße aller Formen des Wirtschaftens letztlich die Bedürfnisbefriedigung, zugleich Grundlage für Entscheidungen und soll das Konsumopfer der Steuer unmittelbar ermittelt werden, erscheint eine Größe verwirklichte Bedürfnisbefriedigung ideal.[229] Der Nutzen als der Einkommensdefinition vorgelagerter Indikator finanzieller Leistungsfähigkeit könnte anhand neoklassischer Annahmen wie der des vollkommen Kapitalmarktes unter Sicherheit modelltheoretisch ermittelt und realitätsgerecht transformiert werden.[230] Ersparnisse könnten als Konsumverzicht ganz oder teilweise steuerfrei bleiben, woraus insbesondere intertemporale Effizienz- und Neutralitätsvorteile hervorgehen könnten.[231] Weil das Modell am Leitbild einer lebenszeitlichen Besteuerung orientiert ist, würden aufgrund einer periodischen Besteuerung hervorgerufene erhöhte Steuerbelastungen und daran anknüpfende Gleichmäßigkeits- und Entscheidungswirkungen verringert werden.[232] Allokative Effizienzvorteile ergeben sich in diesem System zudem durch die Nichterfassung noch nicht verwirklichter Werte, wodurch Produktionsfaktoren potenziell leichter in eine Leistung transformiert und konsumiert werden könnten.[233] Weitere Vorteile wurden aus finanzwissenschaftlicher Sicht angeführt.[234] Technisch müsste die Bedürfnisbefriedigung als persönliche, verwirklichte Leistungsfähigkeit jedoch in den Konsumausgaben gemessen werden.[235] Insbesondere Lang oder Rose fordern deshalb lediglich eine *Konsumorientierung* in Form einer *Konsumeinkommensbesteuerung* durch eine Zinsbereinigung der geltenden Einkommensteuer, die derzeit tendenziell kapitalorientiert ausgerichtet sei.[236]

Obwohl diese Bezugsgröße vergleichsweise überzeugend wirkt, sind kritische Einwände anzubringen.[237] Besonderer Beachtung gilt zunächst dem bereits oft kritisierten Umstand, dass behauptete Vorteile oftmals auf Grundlage neoklassisch-finanzwissenschaftlicher Argumentationsmuster angeführt werden. Im Bereich der Nutzentheorie erscheinen modellkonstitutive Annahmen über den subjektiven Nutzen des Einkom-

---

[229] Vgl. Rose, in: Rose (2003), S. 356-357.
[230] Vgl. Wenger, FinArch 1983, S. 210-213; Wenger, FinArch 1986, S. 259-261.
[231] Vgl. Wagner/Wenger, in: Sadowski/Czap/Wächter (1996), S. 402-403.
[232] Vgl. Pollak, in: Kirchhof/Neumann (2001), S. 53; Wenger, FinArch 1985, S. 308-317.
[233] Vgl. Schmidt, FinArch 1999, S. 268.
[234] Vgl. umfassend Rose, in: Rose (1991), S. 14-30, der von Steuerinzidenzen, administrativen Herausforderungen und anderen, teils der Optimalsteuertheorie angelehnten Argumenten spricht.
[235] Vgl. Wesner, in: FS Mellwig (2007), S. 537.
[236] Vgl. Lang, in: Eblis (2001), S. 77; Lang, in: FS Rose (2003), S. 326; Lang, in: Smekal/Sendlhofer/Winner (1999), S. 148-150.
[237] Für eine kritische Diskussion aufgeführter quantitativer Argumente vgl. Siegel, zfbf 2000, S. 725-738.

mens erfahrungswissenschaftlich fragwürdig und sind nicht gleichheitsgerecht objektivierbar.[238] Das Nutzenkonzept soll in der ökonomischen Theorie auch kein subjektives, einzelfallbezogenes Verhalten prognostizieren, sondern ein für Besteuerungszwecke ungeeignetes Verhalten modellieren, um allgemeine Resultate herzuleiten.[239] Praktisch würde der erzielte Nutzen aus der Freistellung der Ersparnis ebenfalls eine Vermögensbesteuerung bei Ableben des Steuerpflichtigen erfordern.[240] Konträr zu diesem Paradigma ist unter Unsicherheit Bedürfnisbefriedigung nicht die Allein- oder Zentralgröße im Zielsystem des Steuerpflichtigen und wird nicht zwingend durch oder im Zeitpunkt des Konsums verwirklicht.[241] Handlungen liegen bestenfalls ein teils unbestimmter, kaum objektiv rationaler Wirtschaftsplan zugrunde, welcher aufgrund ex-post eintretender Zustandsänderungen stetiger, dynamischer Anpassungen bedarf,[242] was im Steuerrecht reflektiert werden muss. Letztendlich sind lebenszeitbezogene Betrachtungen aufgrund ihrer empirisch fragwürdigen Modellannahmen auch nur für abstrakte Überlegungen geeignet.[243] Von einer einfachen Konsumorientierung der Einkommensteuer sollte deshalb nicht gesprochen werden, soweit dadurch nicht bloß eine vorsichtige Umdeutung des geltenden Einkommensteuerrechts, sondern formelle und materielle Änderungen im Einkommensteuerrecht folgen müssten.[244]

Die Orientierung am Nutzen ist auch in Bezug auf das Einkommen historisch verankert. Erste einkommenstheoretische Untersuchungen erfolgten durch Hermann,[245] der Einkommen nicht als Summe einzelner Einkunftsarten (Reinertragsquellen) verstand, sondern als Summe der neu hinzugetretenen Mittel der Bedürfnisbefriedigung.[246] *Erworbenes Einkommen* als konsumierbarer Betrag zur Bedürfnisbefriedigung[247] setzt nach Hermann den Erhalt des ursprünglichen wirtschaftlichen Zustands voraus und

---

[238] Vgl. Schmidt, FinArch 1971, S. 197-199; Bea/Fischer, FinArch 1970, S. 21-24; a. A. Haller, FinArch 1973, S. 462-466.
[239] Vgl. Hundsdoerfer (2002) S. 43-44.
[240] Vgl. Schneider, zfbf 1971, S. 369-371.
[241] Vgl. Bareis, in: FS Rose (2003), S. 272-274; Siegel, in: FS Bareis (2005), S. 363-372.
[242] Vgl. Schneider, FinArch 1991, S. 544-545, weiterhin S. 547-548.
[243] Vgl. Schneider, FinArch 1985, S. 470-477; Schneider, StuW 1974, S. 369-371.
[244] Vgl. in diesem Sinne Siegel, BFuP 2007, S. 629.
[245] Vgl. Bauckner (1921), S. 11.
[246] Vgl. Schneider (2001), S. 884-885.
[247] Vgl. Hermann (1832), S. 297-299, genauer S. 299: Einkommen ist die „... Summe der wirthschaftlichen [sic] oder Tauschgüter, welcher in einer gewissen Zeit zu dem ungeschmälert fortbestehenden Stammgut einer Person neu hinzutreten, die sie daher beliebig verwenden kann." Für eine auf das Wesentliche beschränkte Übersicht des Einkommensbegriffes Hermanns vgl. Weinberger, ZfgS 1925, S. 481-485.

erfüllt dadurch den Zweck, einen persönlichen *Konsumtionsfonds* abzugrenzen.[248] Als einer der Hauptvertreter der Konsumtionsfondstheorie orientierte sich Schmoller an Hermann und sah als Grundlage eines gerechten Steuersystems einen Einkommensbegriff, der an den tatsächlichen Lebensumständen, der *Persönlichkeit* des Steuerpflichtigen, orientiert ist.[249] Unabhängig von ihrer Entstehung sind nach Schmoller zugegangene Mittel, die zur Steigerung der Persönlichkeit verwendet werden können, ohne in einem Zustand zurückzugehen, Einkommen.[250]

Einkommen besteht folglich aus Mitteln, die in der Vergangenheit erworben wurden, in der Gegenwart zur Disposition stehen und künftiges Bedürfnisbefriedigungspotenzial verkörpern.[251] Wird nur der verwirklichte Mittelerwerb besteuert, müssen viele der wenn auch nicht substanzlosen Überlegungen anderer Bezugsgrößen nicht bedacht werden. Entscheidungen können rational getroffen, ex-post Überraschungen eingetreten sein oder nicht.[252] Einkommen entsteht als Ergebnis von Wirtschaftsplänen schlicht über umsatzverwirklichte Leistungen.[253] Übereinstimmend mit den bisherigen Teilergebnissen der Arbeit soll als Bezugsgröße des Einkommens deshalb ein Mittelerwerb aufgefasst werden, wodurch der Kreis der zu untersuchenden Einkommensbegriffe mit ihren jeweiligen Güterumfängen auf drei grundlegende Theorien und Konzepte eingegrenzt werden kann.[254]

---

[248] Vgl. Schneider, in: FS Leffson (1976), S. 105.
[249] Vgl. Neuling, FinArch 1939, S. 371-372.
[250] Vgl. Schmoller, ZfgS 1863, S. 52.
[251] Vgl. Lehmann (2003a), S. 13.
[252] Vgl. Schneider, in: Smekal/Sendlhofer/Winner (1999), S. 9-10.
[253] Vgl. Schneider, FinArch 1984, S. 420.
[254] Vgl. Schneider, StuW 2000, S. 422-423.

4 Einkommenstheorien und -konzepte

4.1 Quellentheorie

Eine erste vollständige Theorie eines Einkommens präsentierte erst Fuisting. Ihr Fundament bildet eine auf Vorstellungen des römischen Rechts basierende Differenzierung eines zu erhaltenden Vermögensstamms und der daraus entwachsenen Frucht.[255] Was dabei als Frucht gilt, war nicht nur Gegenstand der Einkommenslehren, sondern auch eigener Fruchttheorien.[256] Bereits 250 Jahre alte Überlegungen, die ab dem 19. Jahrhundert in Form der Zusammenfassung von Reinerträgen verfeinert wurden, finden ebenfalls Eingang in Fuistings Gedankengebäude.[257] Aufgegriffen wurde auch der Gedanke der Qualifikation von Einkünften anhand des Kriteriums der Periodizität.[258] Zuletzt liegt ihr auch die Vorstellung einer Einkunftsquelle[259] zugrunde und damit die Kriterien des Ursprungs und der Bestimmung der Erträge. Zusammengeführt wird Einkommen durch Summierung von Reinerträgen (Früchte) ermittelt, die nur aus teils explizit ausgewählten und erläuterten Quellen regelmäßig fließen.[260] Insgesamt entsteht so das Bild einer „ununterbrochen Wasser spendenden Quelle".[261]

Diese als „Quellentheorie des Einkommens" bezeichnete Einkommenslehre war nach Fuisting maßgeblich an der Erfassung des *wirklichen Einkommens als Maßgröße steuerlicher Leistungsfähigkeit* ausgerichtet, das *als rein wirtschaftlicher Begriff* aufgrund der *gegensätzlichen Natur von Einkommen und Vermögen* nicht nach Herrmann und Schmoller definiert werden könne.[262] Die *Stärke* deren Begriffes, dessen *Zweckaus-*

---

[255] Vgl. Schneider, in: FS Ballwieser (2014), S. 752; ausf. Schneider (2001), S. 576-586.

[256] Umfassend zum Fruchtbegriff Petrazycki, welcher nach Diskussion zahlreicher Fruchtbegriffe Einkommen (Früchte) als eine durch *subjektive Verhältnisse* (bzw. *Postulate*) einer Person zu bestimmende Theorie versteht, bei der die Minderung des *Stammvermögens*, das *Wiederkehrende*, sowie der *Consumptionsfond* erst durch eine *Verhaltensregel* kombiniert werden können, vgl. Petrazycki (1893), S. 10-41, insb. 35-41.

[257] Vgl. Schneider (2001), S. 874-875.

[258] Erstmals wohl Cohn (1885), S. 211; ebenfalls Neumann (1889), insb. S. 215-216 mit Verweis auf Hermann; derselben Ansicht Wueller, PSQ 1938, S. 90. Schanz hingegen relativiert den Verweis auf Hermann, jedoch ohne explizite Bezugnahme auf Neumann, vgl. Schanz, FinArch 1896, S. 11-12.

[259] Vgl. insbesondere Guth (1869), S. 62: „Einkommen ist jede aus einer Quelle, also mit einer gewissen Regelmässigkeit [sic] wiederkehrende Vermehrung des Vermögens."; Wagner (1892), S. 399-428, singgemäß ist Einkommen dann insbesondere Ertrag als Ausfluss einer Erwerbsquelle (S. 400) und Einkommen die Summe der Reinerträge aus einer festen Erwerbsquelle mit der Fähigkeit einer regelmäßigeren Wiederholung (S. 405); Neumann (1889), S. 215-216 mit Verweis auf Guth und Wagner, hier explizit als dauernde Einnahme- bzw. Bezugsquelle (S. 224-227).

[260] Vgl. Fuisting (1902), S. 133-134.

[261] Schanz, FinArch 1896, S. 12. Eine solche Beschreibung findet sich bspw. auch bei Guth (1896), S. 64: „... ist es nothwendig [sic], aus dem complicirten [sic] Organismus des heutigen Güterlebens herauszutreten und sich in den Naturzustand zurückzudenken ...".

[262] Vgl. Fuisting (1902), S. 107-111.

richtung, integriert Fuisting jedoch in seinen auf die *Entstehung* ausgerichteten Einkommensbegriff: „Hiernach ist Einkommen die Gesammtheit [sic] der Sachgüter, welche in einer bestimmten Periode (Jahr) dem Einzelnen als Erträge dauernder Quellen der Gütererzeugung zur Bestreitung der persönlichen Bedürfnisse [...] zur Verfügung stehen".[263] Für die praktische Anwendung dieses wirtschaftlichen Begriffes verweist Fuisting auch auf das Zivilrecht, jedoch stets nur an zweiter Stelle.[264] Dauerhafte Quellen bilden die Kategorien *Geldkapital*, *Grundbesitz*, *Gewerbebetrieb*, *reine Arbeitsthätigkeit* und *Hebungsrechte*.[265] Der Güterumfang erstreckt sich auf „... solche Güter, welche Gegenstand des wirthschaftlichen [sic] Tauschverkehres sind und einen sich hiernach bestimmenden Geldwerth [sic] haben ...".[266] Fuisting zählt hierzu auch ausgewählte *Naturalbezüge*, *Rechte,* den *Jahreswerth (Miethwerth) der Wohnung im eigenen Hause* sowie *sonstige Bedürfnisse durch Selbstbeschaffung*.[267] Wertschwankungen innerhalb, sowie zugegangene Zuflüsse außerhalb einer Quelle stellen genauso wenig Einkommen dar, wie *Verluste an Einnahmen* durch Diebstähle oder Verderb von Waren, weil hierbei *keine Bedürfnisbestimmung* erfolgt sei.[268] Steuerfrei bleiben auch Aufwendungen zur Errichtung, Erhaltung und Modifikation oder bei Verlust der Quelle, denn diese betreffen nur das Vermögen.[269]

Bereits diese kurze Skizzierung zeigt die wesentlichen Stärken der Quellentheorie auf. Erfasst wird grundsätzlich eine Maßgröße Einkommen[270] als verwirklichte Reinvermögensmehrung eines auf bestimmte Quellen begrenzten Güterumfangs, welche im Tauschprozess objektiv erfassbare Werte aufzeigen. Indem nur besondere Einnahmen und für die Erzielung dieser anfallende Ausgaben Einkommen bilden, soll der Vermögensstamm erhalten bleiben, sodass der Quellentheorie eine Form der Substanzerhaltung zugrunde liegt.[271] Auffällig ist weiterhin die der Theorie immanenten Grenzziehung der steuerbaren und nicht steuerbaren Sphäre des Steuerpflichtigen, insbesondere durch die Abgrenzung am Merkmal der Dauerhaftigkeit.[272] Weil diese nicht auf die Einkunft, sondern die güterbildende Quelle bezogen ist, unterliegt der

[263] Fuisting (1902), S. 110 im Original gesperrt.
[264] Vgl. Fuisting (1902), S. 109.
[265] Vgl. Fuisting (1902), S. 151-152, anschließend näher erläutert (S. 152-186).
[266] Fuisting (1902), S. 111 im Original teils gesperrt.
[267] Vgl. Fuisting (1902), S. 111-112.
[268] Vgl. Fuisting (1902), S. 135-136, 147-151.
[269] Vgl. Fuisting (1902), S. 137-140.
[270] Vgl. Schneider (2001), S. 888.
[271] Vgl. Schneider (1997a), S. 243-244.
[272] Vgl. Desens, in: Jachmann (2014), S. 121.

Quellentheorie generell nur eine nachhaltige, auf die Frucht- bzw. Entgelterzielung ausgerichtete erwerbswirtschaftliche Tätigkeit.[273] Durch diese längerfristig ausgerichtete Betrachtung gleichmäßig hinzukommender Einkünfte könnte eine vereinfachte, abstrakte Schätzung eines längerfristigen Konsumniveaus vorgenommen werden.[274] Zur Steuerzahlung notwendige Liquidität ist überwiegend[275] aufgrund des Ausschlusses nicht zugeflossener geldwerter Mehrungen ausreichend vorhanden. Insgesamt scheint die Intention der Quellentheorie für die Erfassung einer auf nachhaltige Größen ausgerichteten Einkommenskonzeption geeignet zu sein.

Offensichtlich ist Fuistings Messtheorie stark von der Ausgestaltung der angewandten Begriffe abhängig, denn die Problemlösungsidee der Quellentheorie basiert insbesondere auf der Definier- und Abgrenzbarkeit einer Quelle, sowie deren Dauerhaftigkeit. Eine objektivierte Definition dessen, was eine Quelle kennzeichnet, findet sich jedoch nur in Form einer kaum trennscharfen Aufzählung als *Erwerbvermögen*[276], Arbeitstätigkeiten und Hebungsrechte und ist zugleich an das Kriterium der Dauerhaftigkeit gebunden.[277] Nach der in Kapitel 2.3 vorgenommen Differenzierung würde somit das sonstige Vermögen als dauerhafte Quelle zur Verfügung stehen, welches einer womöglich abschließend aufgezählten Einkunftsart zuzuordnen wäre. Es ist durchaus denkbar, dass Fuisting heute selbst die Problematik jeglicher Abgrenzung mithilfe des Merkmals der „wirthschaftlichen [sic] Rücksichten"[278] zugunsten rechtssicherer Merkmale aufgegeben hätte. Fraglich bleibt, inwiefern dann eine weitergehende Differenzierung und Qualifikation einer Quelle mithilfe der Regelmäßigkeit, die teils unter Rückgriff auf der subjektiven Intention des Steuerpflichtigen erfolgen müsste, rechtssicher möglich wäre.[279] Erschwerend kommt die Möglichkeit hinzu, dass eine Quelle entfallen

---

[273] Vgl. Fuisting (1902), S. 149-151, der für die schriftstellerische Tätigkeit feststellt, dass der leistungswirtschaftliche Prozess dauerhaft und so als eine Art Einkünfteerzielungsabsicht zu deuten ist, die Entgelteinnahme daher steuerpflichtig wäre. Einmalige Tätigkeiten sind steuerbar, sofern die Absicht der Begründung einer dauernden Tätigkeit besteht.

[274] Vgl. in diesem Sinne Moxter (1982), S. 12-13.

[275] Einzubeziehen wären teils auch nicht realisierte Größen, vgl. Schneider (1978), S. 105.

[276] Vgl. zu dieser Trennung Fuisting (1902), S. 82, gemeint ist derjenige Teil der Sachgüter (Vermögen), die zur Bildung neuer Güter geeignet sind.

[277] Vgl. Fuisting (1902), S. 151. Bei Wagner findet sich eine derartige Umschreibung in Form einer *Thätigkeit, eines Rechts oder einer bestimmten Erwerbseinrichtung*, vgl. Wagner (1892), S. 400; krit. mit Forderung einer enumerativen Ausweitung im Rahmen der Preußischen ESt, Wagner, FinArch 1891, S. 217-218.

[278] Fuisting (1902), S. 82.

[279] In diesem Sinne unter Diskussion einiger Überlegungen Schanz, FinArch 1896, S. 16-20.

oder ihr Wesen im Zeitverlauf ändern könnte.[280] Probleme bereitet diese Betrachtungsweise insbesondere bei Unternehmen, die bei fingierter going concern unregelmäßige Einkünfte erzielen und gleichzeitig eine Einkunftsquelle des Steuerpflichtigen darstellen könnten.[281] Bei Berücksichtigung von Wertsteigerungen im Betriebsvermögen kann die Quellentheorie jedoch bei diesen ohnehin nicht angewandt werden.[282] Unter Unsicherheit und zwangsweise eintretenden ex-post Überraschungen kann und sollte für die Besteuerungspraxis ein regelmäßiger Mittelzufluss dennoch nicht grundsätzlich unterstellt werden. Zuletzt überzeugt die Qualifikation des Mietwerts als Quelle zwar selbst innerhalb der Quellentheorie nicht,[283] als Teil des imputed income wäre darin heute weder eine Naturaleinkunft, noch ein Nutzungsrecht anzusehen.

Die Zweckausrichtung des Einkommens bezüglich der Steuerbarkeit von Einnahmen und Ausgaben einer Quelle verleitet Fuisting auch zu aus heutiger Sicht weniger überzeugenden Ergebnissen. Weil der *Landwirth* stets zu dem Zweck der Bestreitung seines Unterhaltes wirtschaftet, ist sowohl die entgeltliche Verwertung, als auch die Entnahme der Erzeugnisse aus dem Betrieb (Selbstverbrauch) (*Rein-)Ertrag*, während letzteres im Falle des Gewerbebetriebs lediglich eine steuerfreie, weil *völlig zufällige Ersparung von Ausgaben* darstellen soll.[284] *Einkommen* ist weiterhin nur, wenn der *Ertrag* einer natürlichen Person zufließt und *Reineinkommen* allein, was zur Bestreitung der Lebensbedürfnisse verbleibt.[285] Einnahmen nach Veräußerung der Leistungen werden deshalb bloß als *Erlös*, nicht als *Ertrag* bezeichnet, weil zwischen beiden noch die Bedürfnisbestimmung geschaltet ist, sodass bei Diebstahl ein *Verlust* und damit nur *Roheinkommen* entsteht.[286] Das überzeugt allein schon aus Gründen der Rechtssicherheit nicht, wenn im Gegenzug die *Vergeudung* dieses *Erlöses* zum *Ertrag* führen würde.[287] Möglicherweise hätte es der Integration dieser Überlegungen Hermanns und Schmollers angesichts der Qualität der Quellentheorie schlichtweg nicht bedurft.

---

[280] Vgl. Kirchhof, in: Kirchhof/Söhn/Mellinghoff, Loseblatt, September 2015, § 2 EStG, Rn. A 320.
[281] Vgl. Borkowsky, DU 1976, S. 13.
[282] Vgl. Schneider (1997a), S. 245.
[283] Vgl. Biergans/Stockinger, FR 1982, S. 3.
[284] Vgl. Fuisting (1902), S. 111-115.
[285] Vgl. Fuisting (1902), S. 133-134.
[286] Vgl. Fuisting (1902), S. 134-136.
[287] Vgl. Fuisting (1902), S. 136.

Wenn auch einige Elemente des quellentheoretischen Einkommens kaum rechenökonomischer Natur sein können, liegt der Quellentheorie im Grundsatz eine wenn auch nur eingeschränkt realitätsgerechte Form des Erwerbswirtschaftens zugrunde. Im Vergleich zur heutigen Einkommensteuer würde jedoch nur ein zu sehr begrenzter Ausschnitt der steuerbaren erwerbswirtschaftlichen Tätigkeiten erfasst.[288] Für Steuerpflichtige bestehen daher starke Anreize zur Optimierung oder gar selektiven Aufgabe ihrer Quellen[289] und deshalb eine ungleichmäßige Besteuerung aufgrund von Entscheidungswirkungen.

Aus heutiger Sicht erscheint der Einbezug von Naturalbezügen besonders diskussionswürdig, die einerseits einen Tausch- bzw. Geldwert haben und zugleich einer dauernd fließenden Quelle entspringen müssten.[290] Weiterhin führt die Anforderung der Dauerhaftigkeit von Quelleneinkünften zu einer unvollständigen Erfassung der gesamten Reinvermögensmehrung des Steuerpflichtigen, insbesondere im Bereich der einmaligen Veräußerungseinkünfte. Auch müsste der Kreis der abzugsberechtigen Reinvermögensminderungen im Bereich und insbesondere bei Ausfall der Quelle ermöglicht und feiner austariert werden.[291] Die quellentheoretisch explizierte finanzielle Leistungsfähigkeit ist angesichts des im geltenden Einkommensteuerrecht erfassten Güterumfangs zu sehr eingeschränkt.[292] Fuistings quellentheoretisch-praxisorientiertes Verständnis einer im historischen Kontext[293] zu würdigenden Gleichmäßigkeit der Besteuerung[294] wäre deshalb heute in einigen Bereichen auszuweiten, in anderen jedoch zu verwerfen. Im geltenden Steuerrecht findet die Quellentheorie daher in modifizierter

---

[288] Vgl. Bayer, FR 1991, S. 337, der in diesem Fall von Berufen spricht, statt der im geltenden Recht erfassten Erwerbstätigkeiten.

[289] Vgl. Bauckner (1921), S. 32; zu den jeweiligen Kriterien einer Quellenänderung im Rahmen des preußischen EStG vgl. Buck, FinArch 1911, S. 65-69. Praktisch konnte es aufgrund der Notwendigkeit der stichtagsbezogenen Feststellung der Existenz einer Quelle und Schätzung der Einnahmen zu Härten kommen, vgl. zu diesem und weiteren Fällen Buck, FinArch 1909, S. 351-356.

[290] Vgl. Fuisting (1902), S. 111-112. Fuisting zählt hierbei (selbstverständlich historisch begründet) insbesondere dauerhafte Wohn-, Beschäftigungs-, Naturalienbezugs- oder Kleidungs- und weitere Rechte (Verfügungsrechte) auf. Zu jener Zeit war auch der Fiskus noch fester Bestandteil der Naturalwirtschaft. Zur praktischen Umsetzung ab 1908 vgl. bspw. Schanz, FinArch 1917, S. 205-218.

[291] Bezogen auf die derzeit geltende ESt so bspw. im Falle von Schneeballsysteme vgl. Elicker/Neumann, FR 2003, S. 228.

[292] Vgl. Sigloch, in: FS Schneider (1995), S. 677; Hey, in: Tipke/Lang (2015), § 8, Rz. 51.

[293] Bspw. konstatiert Meisel zahlreiche Streitfälle, eine schlechte Wahrheitsmoral und Misstrauen der Steuerpflichtigen, was ihn zu direkter Kritik an der Person Fuisting veranlasst, vgl. Meisel, FinArch 1914, S. 144-148.

[294] Fuisting grenzt die Gleichmäßigkeit der Besteuerung nur negativ ab. Sinngemäß sollte niemandes Existenz gefährdet werden und niemand sollte ungleichmäßig behandelt werden, vgl. Fuisting (1902), S. 18.

und nur in dem relativ eindeutigen Bereich der Überschusseinkünfte[295] in einer zudem bereinigten Form Anwendung. Durchbrechungen und Abweichungen quellentheoretischer Überlegungen haben jedoch durch die Rechtsprechung und Ergänzungen wie der Abgeltungsteuer Eingang gefunden.[296]

4.2 Reinvermögenszugangstheorie und Reinvermögenszuwachstheorie

Die als Vertiefung des Hermannschen Einkommensbegriffes aufzufassende Reinvermögenszugangstheorie ist erstmals von Schanz formuliert worden und versuchte empfundene Verfehlungen eines engen Güterumfanges der zeitgleich entstandenen Quellentheorie zu beheben.[297] *Zugeführte Leistungsfähigkeit* des Einzelnen liegt im „... Reinvermögenszugang eines bestimmten Zeitabschnitts ...“[298], dem *Einkommen*, folglich das, worüber *neu disponiert* werden kann, ohne das *Vermögen zu mindern*.[299] Den Kreis der wirtschaftlichen Güter eines *das lebendige Ganze* abbildenden Einkommensbegriffes zog Schanz umfassend, sodass „... nicht bloss der im Tauschverkehr erscheinende Reinertrag dieses oder jenes Gutes [...] sondern auch jeder unmittelbare Verbrauch ...“[300] erfasst wird, der „... auch nur in dem Genusse der Möglichkeit einer solchen Benutzung ...“[301] liegen kann. *Ertrag* als etwas *Erzieltes oder zu Erzielendes* besteht also auch in *Nutzungen* und *geldwerten Dienstleistungen Dritter* und auch die *Nutzwirkung eines Hauses* einzubeziehen *erscheint nicht unnatürlich*.[302] „Wir rechnen also zum Einkommen alle Reinerträge und Nutzungen, geldwerte Leistungen Dritter, alle Geschenke, Erbschaften, Legate, Lotteriegewinne, Versicherungskapitalien, Versicherungsrenten, Konjunkturengewinne jeder Art, wir rechnen ab alle Schuldzinsen und Vermögensverluste.“[303]

Der Einkommensbegriff von Schanz verwundert, denn stets scheint nur entsprechend dem Konzept Hermanns eine Mehrung Leistungsfähigkeit zu verkörpern, zugleich sind aber auch Ge- und Verbräuche jeder Art einzubeziehen. Im Bereich der Nutzungen spricht Schanz dann jedoch vom Wohnungsgenuss und stellt die Nutzung anderen

---

[295] Im Einzelnen vgl. Schneider (1978), S. 48-49.
[296] Vgl. Pezzer, in: Hey (2011), S. 210-212; Reutershan, StuB 2003, S. 1030.
[297] Vgl. ausf. hierzu, sowie kritisch zur Messtheorie und Geschichte insbesondere von Schanz, Schneider (2001), S. 891-893.
[298] Schanz, FinArch 1896, S. 23 im Original gesperrt.
[299] Vgl. Schanz, FinArch 1896, S. 23.
[300] Schanz, FinArch 1896, S. 6-7, Schanz bezieht sich hierbei auf Schmoller.
[301] Schanz, FinArch 1896, S. 7.
[302] Vgl. Schanz, FinArch 1896, S. 1-2.
[303] Schanz, FinArch 1896, S. 24.

Gebrauchsvermögens, das unmittelbaren Bedürfnissen dient nicht frei, sondern mit Zinserträgen gleich, spricht sich folglich für eine *Doppelrechnung* aus.[304] Das *Naturaleinkommen* ist unabhängig von seiner Verzerrung als *Rohertrag* zu erfassen und bei *Vermögensverzehr* im *Haushalt* dann nicht nochmals steuerpflichtig.[305] Im Detail zeigt sich deshalb, dass entsprechend der Intuition des Einkommens als Reinvermögens*zugang* auch Nutzungen, Gebräuche und Eigenleistungen teils fiktive Mehrungen darstellen sollen, das als *imputed income* auch psychischer Natur sein kann.

Bei heutiger Anwendung würde diese Intention aus objektivierter Sicht nicht mehr vertreten werden können. Vielmehr bedürfte auch die Reinvermögenszugangstheorie einer Bereinigung, indem einzelne Einkommenselemente verworfen und feiner separiert werden. Dennoch sollte eine undifferenzierte historische Deutung der Einkommenslehre von Schanz mit einem verwendungsseitigen oder gar nutzentheoretischen Einkommen kritisch betrachtet werden. Erst aus dem Blickwinkel des Zivilrechts liegt im imputed income lediglich das Ergebnis einer Vermögensumschichtung und somit verwirklichter Konsum.[306] Der Verweis auf Hermann, dessen Einkommenszweck und dessen Verständnis des Einkommens als Konsumtionsfonds sollte deshalb nicht grob fehlgedeutet werden.

Nach Schanz bleibt die nicht definierte *reine Verwendung* des *Einkommens* steuerfrei.[307] Eine Abgrenzung der Konsum- zur Erwerbssphäre findet sich dabei in Schanz' Ausführungen nicht.[308] Dieser nimmt vereinfacht an, dass die *Haushaltungskosten* noch *nicht abgezogen* sind.[309] Mitunter wurde im Fehlen eines solchen Kriteriums gar ein wesentlicher Vorteil der Reinvermögenszugangstheorie gesehen.[310] Teils durch Schanz implizit vorgenommene Einschränkungen des Güterumfangs auf *wirkliche Bereicherungen* genügen für eine *möglichst scharfe Grenzlinie* jedoch nicht.[311] Zur Recht-

---

[304] Vgl. Schanz, FinArch 1896, S. 2, 7, 17-18, 35.
[305] Vgl. Schanz, FinArch 1896, S. 39.
[306] Vgl. Elicker (2004), S. 113.
[307] Vgl. bspw. Schanz, FinArch 1896, S. 75 im Fall der Lebensversicherung, die nach Schanz vergleichbar ist mit der Anlage des Geldes, um Zinsen zu erzielen.
[308] Vgl. Lang (1988), S. 45.
[309] Vgl. Schanz, FinArch 1896, S. 23 sowie S. 28 für eine metaphorische Begründung dieser Überlegung.
[310] So Bauckner: Schanz' Begriffsnorm verzichtet auf die Integration des Verbrauchs in seinen Einkommensbegriff; Einkommen ist Hereinkommen, vgl. Bauckner (1921), S. 56-59.
[311] So aber Schanz, vgl. Schanz, FinArch 1896, S. 31.

fertigung seines Güterumfanges führte Schanz vielmehr willkürlich anmutende Begründungen heran,[312] welche je nach Betrachtungsweise dem Gedankengebäude seines Einkommensbegriffes widersprechen[313] oder schlicht mit ihm in Einklang stehen. Anzunehmen ist, dass keine spezifische Art einer wirtschaftlichen Tätigkeit zur Erzielung einer Reinvermögensänderung erforderlich ist, noch sein soll. Die Stärke der Reinvermögenszugangstheorie liegt daher insbesondere in dem umfassend definierten Güterumfang, mithin in der Feststellung, dass jedes Gut aus jeder Tätigkeit von wirtschaftlicher Bedeutung ist. Wie umfassend dieser nun aber für die einkommensteuerliche Messung sein soll, kann ohne objektivierte Abgrenzung der steuerbaren Sphäre nicht abschließend bestimmt werden. Der Lehre von Schanz mangelt es auch an dieser zentralen Definition, die für eine sachgerechte, weitergehende Diskussion notwendig wäre. Es bleibt festzuhalten, dass die Reinvermögenszugangstheorie heute nur in einer modifizierten Form existieren könnte.

Messtechnisch wäre zur Erfassung des Reinvermögenszugangs zudem ein für alle Einkunftsarten einheitlicher Vermögensvergleich notwendig.[314] Unklar ist dabei geblieben, ob Schanz für ein Erfordernis des Realisationsprinzips und damit eines Ausschlusses der Güterkategorie nicht-realisierte Wertsteigerungen einsteht.[315] Nach ausführlicher Beschreibung des Beitrags von Schanz bejaht Lion diese Frage[316] und differenziert nach kritischer Analyse des Wesens des Reinvermögenszugangs als bloßen Vergleich von Einzelposten den auf das Realisierte beschränkten Reinvermögenszugang von einem auch das Nicht-Realisierte umfassenden Reinvermögenszuwachs.[317]

---

[312] Vgl. nur den Diskurs zwischen Lexis und Schanz. Lexis schloss bspw. Lotteriegewinne und Schenkungen aufgrund fehlender Erwerbshandlungen aus, bezog den *gewerbsmäßigen Börsenspieler* jedoch ein. Schanz fragt, ob Erbschaften nicht angestrebt, Geschenke erbetet werden und betrachtet Lottergewinne als Form des Wirtschaftens, vgl. Schanz, FinArch 1896, S. 108-109, 113, ähnlich auch bei anderen Beispielen. Vgl. ebenfalls Schanz' kritische Diskussion des Kriteriums der *wirtschaftlichen Thätigkeit* bei Roscher und Vocke Schanz, FinArch 1896, S. 8-12.

[313] So Lang bezüglich Schanz' Bezugnahme auf eine Erwerbshandlung im Bereich der Lotteriegewinne, vgl. Lang, StuW 1981, S. 227.

[314] Vgl. Schneider, in: Schmiel/Breithecker (2008), S. 285, 287-292; Schneider, StuW 2004, S. 294-295.

[315] Vgl. zu einer Übersicht der Diskutanten Hey, in: Hermann/Heuer/Raupach, Loseblatt, August 2014, § 2 EStG, Rn. 12.

[316] Vgl. Lion, in: FG Schanz (1928), S. 273-300, insb. S. 281, 294-295; a. A. Lang (1988), S. 172.

[317] Vgl. Lion, in: FG Schanz (1928), insb. S. 287-288. Lion spricht dabei lediglich von einem *Vermögenszugang/-wachs*, insoweit präziser bezeichnet von Schneider; zum Wirken von Lion vgl. Schneider, DB 2000, S. 1242-1243.

Letzterer ist international insbesondere als (Schanz-)Haig-Simons-Standard bzw. -Konzept bekannt, obwohl auch ohne Erwähnung von Schanz zwischen den Autoren durchaus bedeutsame Unterschiede bestehen,[318] die dabei möglicherweise aufgrund ihrer oftmaligen Anwendung innerhalb neoklassischer Theorien ausgeblendet werden.[319] So wird über das Fehlen einer Definition des imputed income bei Haig und Simons diskutiert,[320] sowie das kaum fassbare Kriterium der *accumulation* und *consumption* kritisiert, die den Einkommensbegriff ausmachen.[321] Musgrave hebt diese fehlende Unterscheidung hingegen als Vorteil hervor.[322] Als *comprehensive income tax base* wird ein solcher Einkommensbegriff insbesondere von Ökonomen vertreten und schließt explizit auch das imputed income ein.[323] Noch heute wird diese Konzeption von Teilen als ideale Maßgröße für steuerliche Leistungsfähigkeit angesehen.[324] Als Bezugsgröße bleibt nur eine verwendungsseitige Interpretation als Bedürfnisbefriedigungspotential.[325]

Praktisch würde der Ausweis unrealisierter Gewinne eine Bewertung auch oberhalb der Anschaffungskosten erfordern, wodurch jedoch Objektivierungsprobleme, Gestaltungsspielräume und Liquiditätsprobleme aufgrund der Erfassung nicht realökonomisch gehaltvoller Vorgänge einhergehen würde.[326] Dabei ist auf diejenige Liquidität abzustellen, die aus dem besteuerungsrelevanten Vorgang selbst resultiert.[327] Eine zusätzliche Belastung der Liquidität bei Besteuerung der rein rechenökonomischen Gewinne wird deshalb unter realitätsorientierten Annahmen entscheidungswirksam.[328] Soll dadurch keine Substanz besteuert werden, wären Anpassungen im Sinne von Stundungen, eines Verlustausgleichs oder eine Liquiditätshilfe nötig,[329] die in der geltenden EStG nicht vorliegen.

---

[318] Zu einigen grundlegenden Differenzen vgl. Treisch, BB 1997, S. 710-711; zu dem Einbezug von Geschenken zwischen Simons und Haig vgl. bspw. Shoup, FinArch 1984, S. 442-443.
[319] Zumindest ein denkbarer Grund für das Empfinden einer geschlossenen Konzeption, vgl. Thuronyi, TLR 1990, S. 51-52.
[320] Vgl. Haskell/Kauffman, NTJ 1964, hier S. 232.
[321] Vgl. Bittker, YLR 1967, insb. S. 934-952; Bittker, HLR 1968, S. 1033-1036.
[322] Vgl. Musgrave, HLR 1967, S. 44-49.
[323] Vgl. Schneider, in: FS Leffson (1976), S. 103.
[324] Vgl. Genser/Reutter, FinArch 2007, S. 437.
[325] Vgl. Aaron, NTJ 1969, S. 544: „net accretion to the power to consume private goods and services".
[326] Vgl. Küting, DB 2013, S. 1188-1190; Schneider, FinArch 1984, S. 417-419; zu einer der umfangreichen Repliken auf Schneider, hier bezüglich des Liquiditätsarguments, vgl. Hackmann, FinArch 1985, S. 427-429.
[327] Vgl. Marx, FR 2009, S. 521.
[328] Vgl. Schneider, FinArch 1986, S. 239-240; a. A. Hackmann, FinArch 1986, S. 244-247.
[329] Vgl. hierzu Schneider (1978), S. 57; im Kontext der IAS Schneider, BB 2003, S. 301-302.

Das marktorientierte Realisationsprinzip hingegen schützt leistungsfähigkeitsgerecht vor einer Erfassung nicht objektivierter realökonomischer Vorgänge.[330] Ökonomisch bedeutet ein Ansatz zu Anschaffungskosten einen angenommenen Kapitalwert von Null, sodass Rückflüsse nur in Höhe der Anschaffungskosten berücksichtigt werden.[331] Das Anschaffungskostenprinzip wird deshalb heute als notwendiger Bestandteil des zweckgebundenen Realisationsprinzips verstanden.[332] Wird zwischen einer Zugangs- und Zuwachstheorie begrifflich nicht unterschieden oder schlicht auf Schanz verwiesen[333], bleibt unklar, welche Konzeption gemeint ist oder vertreten wird. Dabei zielen beide nicht nur auf unterschiedliche Ideale. Eine tatsächlich umfassende Zuwachsbesteuerung ist derzeit praktisch ausgeschlossen und bildet demnach abstrakt kein tragfähiges Ideal.[334]

Eine am Realisationsprinzip ausgerichtete Reinvermögenszugangstheorie wäre zwar für eine einkunftsartenübergreifende gleichmäßige Besteuerung als Barrealisationsprinzip auszugestalten.[335] Ohne entsprechende Anpassungen[336] führt das geltende Realisationsprinzip zu einem zumindest vergleichbaren, der Reinvermögenszuwachstheorie jedoch stets überlegenen Ergebnis.[337] Um das imputed income bereinigt würde im Rahmen der Einkommensteuer ein über und statt Markthandlungen verwirklichter realisierter Reinvermögenszugang eine messbare (objektive) finanzielle Leistungsfähigkeit am besten wiedergeben.[338] Zumindest implizit wird dann eine Form des Erwerbswirtschaftens zugrunde gelegt. Im geltenden Einkommensteuerrecht ist jedoch

---

[330] Vgl. Seer, in: Hey (2011), S. 4; Herzig, in: FS Baetge (1997), S. 49.

[331] Vgl. Ordelheide, in: Budäus/Gerum/Zimmermann (1988), S. 279-280.

[332] Vgl. Moxter, BB 1984, S. 1783; Marx, StuB 2016, S. 328; Ordelheide, in: FS Busse von Colbe (1988), S. 281; Schneider, in: FS Leffson (1976), S. 116-117.

[333] Vgl. bspw. Lang, statt vieler Lang (1988), S. 38, 41; weiterhin Rose, in: Rose (1991), S. 13; Tipke (2003), S. 624-627; Desens, in: Jachmann (2014), S. 120, dessen kursive Betonung des (Reinvermögens-)*zugangs* wohl an Ruppe anlehnt. Die an Popitz angelehnte Unterscheidung Ruppes greift jedoch nur die Einkommensermittlung, nicht den Gegenstand auf und skizziert die S-H-S-Konzeption nur spärlich, vgl. Ruppe, in: Hermann/Heuer/Raupach, Loseblatt, Februar 1990, Einf. ESt, Rn. 12-13; nach Wagner *liegt dem Einkommensteuerrecht cum grano salis das S-H-S Konzept zugrunde*, vgl. Wagner, in: Smekal/Sendlhofer/Winner (1999), S. 30.

[334] Vgl. Schneider (2001), S. 894-895; Blumers/Elicker, BB 2009, S. 1158-1159.

[335] Vgl. Schneider (1978), S. 60-62; Schneider (1997a), S. 279-281; Siegel, in: Schmiel/Breithecker (2008), S. 303-304.

[336] Vgl. Sigloch, in: FS Schneider (1995), S. 684, zu ergänzen wäre demnach zumindest ein Verlustausgleich.

[337] Vgl. Scheffler (2011), S. 86; kritisch zur Überlegenheit eines handelsrechtlichen Realisationsprinzips auch unter Unsicherheit Schneider, in: FS Krawitz (2010), S. 716-718; a. A. Schmiel, in: Schmiel/Breithecker (2008), S. 352.

[338] Vgl. In diesem Sinne Schneider (1997a), S. 63 mit weiteren Nachweisen; Gawl, Schmjb 2000, S. 108. Reinvermögen ist demnach eine Nettogröße, selbst als Mehrung jedoch noch kein Einkommen, solange das Vermögen im Zeitraum nicht (im geltenden Einkommensteuerrecht nominal) erhalten bleibt und der Konsum feststeht, vgl. zu diesem Einkommensbegriff mit Verweis auf Hermann und

auch dieser nicht vollständig umfassende Einkommensbegriff neben der Einfachheit des Steuerrechts bereits aus verfahrenstechnischen Gründen praktisch nicht gleichheitsgerecht ermittelbar.[339] Während die Quellentheorie demnach lediglich eine unvollständige finanzielle Leistungsfähigkeit des Steuerpflichtigen gleichheitsgerecht erfassen könnte, mangelt es der Reinvermögenszugangstheorie an einem differierenden Handlungstatbestand und einer Komponente, um Reinvermögensänderungen vollständig und gleichmäßig erfassen zu können.

Vor diesem prekären Hintergrund greift die Reinvermögenszugangstheorie im geltenden Einkommensteuerrecht nur im Bereich der Gewinneinkünfte und ergänzt die Überschusseinkunftsarten zu dem Dualismus der Einkunftsarten. Der Güterumfang wird hierbei nach dem Grundsatz der Einzelbewertung und des Realisationsprinzips auf selbständig verkehrsfähige Wirtschaftsgüter begrenzt.[340] Potentiell kann der Wirtschaftsgutbegriff darüber hinaus von dem handelsrechtlichen Vermögensgegenstand abweichen.[341]

4.3 Variationen einer Reinvermögenszugangs- oder -zuwachstheorie

Zur Findung einer einkunftsartenübergreifenden Einkommenskonzeption scheint die Definition des Einkommens als Reinvermögenszugang als Ausgangspunkt der geltenden Einkommensteuer am besten geeignet.[342] Wie gezeigt, bedürfte diese jedoch selbst nach einer Art Bereinigung noch weiterer Modifikationen. Entsprechend sind einige nicht näher benannte Einkommenskonzeptionen erarbeitet worden, die als Variationen einer Reinvermögenszugangs-, mitunter sogar einer Reinvermögenszuwachstheorie verstanden werden können.[343]

Schanz Schneider (1995), S. 5.

[339] Vgl. Elicker, StuW 2002, S. 230.

[340] Vgl. Schneider, MIR 1972, S. 81.

[341] Diese Frage bildet regelmäßig den Gegenstand wissenschaftlicher Abhandlungen. Nach herrschender Meinung wird ein solcher Unterschied jedoch verneint, vgl. bspw. Döllerer, ZGR 1976, S. 350; Westerfelhaus, DB 1995, S. 889; Wichmann/Kemcke, DStZ 2012, S. 516.

[342] Vgl. Siegel, in: FS Wagner (2004), S. 195.

[343] Eine derartige Formulierung von Bareis zur Beschreibung des „Karlsruher Entwurf" lehnt Tipke ab, denn die dem Leistungsfähigkeitsprinzip entsprechende Reinvermögenszugangstheorie frage nicht nach Herkunft oder anderer differenzierender Merkmale, vgl. Tipke, StuW 2002, S. 156. Dem ist auf Grundlage der bisherigen Ergebnisse dieser Untersuchung entgegenzuhalten, dass „die" (eigentlich gemeinte Reinvermögenszuwachstheorie) Reinvermögenszugangstheorie weder theoretisch, noch praktisch existiert, vgl. auch die Diskussion des Einkommensbegriffes von Tipke in diesem Kapitel.

Eine nutzentheoretische Begründung eines umfassend definierten Einkommens erläutert Folkers aus finanzwissenschaftlicher Sicht. Dessen Beiträge zielen auf die Gleichstellung einer Ehegattenbesteuerung zur Besteuerung des Steuerpflichtigen nach dessen subjektiven Leistungsfähigkeit. Gemeint ist weiterhin eine aus der Summe der Einkünfte *abgeleitete*, jedoch *synthetisch* bestimmte Bemessungsgrundlage einer Einkommensteuer, das als Indikator steuerlicher Leistungsfähigkeit auf *Haushaltsebene* anknüpfen und dementsprechend auch die Einkommensverwendung umfassen soll.[344] Zur *Operationalisierung* einer *bestmöglichen Ersatzgröße* der *subjektiven* und *nicht kardinal messbaren Zielgröße Nutzen* greift die *Nutzenmöglichkeit* als eine vergleichsweise *unvollkommene Ersatzgröße* für eine *Ausgangsgröße Einkommen*, festgelegt als *Reinvermögenszugangstheorie nach S-H-S.*[345] Dieses *umfassende Einkommen* als bloße *Teilfunktion des Nutzens* ist jedoch aufgrund von Entscheidungswirkungen und einer *fehlenden Eignung* als *leistungsfähigkeitsgerechte* Bemessungsgrundlage ebenfalls *unvollkommen*, weshalb auch die individuellen Einflüsse *Freizeitnutzung*, *Dritteinflüsse* sowie *nichtmonetäre Faktoren* zu berücksichtigen sind.[346]

Für die Bemessung einer Einkommensteuer sollen demnach entstehungsseitig erzielte Größen anhand verwirklichter und potentieller Nutzen modifiziert werden und so als Bedürfnisbefriedigungspotential interpretiert werden. Das konstruierte Einkommen integriert dadurch jedoch nahezu jede denkbare Ausprägung der untersuchten Bezugsgrößen und wird deshalb nicht systematisch hergeleitet. Nach Auffassung dieser Untersuchung würde eine Reinvermögenszuwachstheorie zudem bereits Nutzenpositionen erfassen. Bevor diese vermeintlich nicht leistungsfähigkeitsgerechte *Ausgangsgröße* hinsichtlich der *Surrogatgröße* überhaupt modifiziert werden könnte, müsste geklärt sein, wie der Begriffsinhalt theoretisch und praktisch zu bestimmen wäre. Wird vom teils zweifelhaften Gehalt behaupteter Vorteile eines Ehegattensplittingverfahrens[347] abgesehen, stellt sich weiterhin die Frage nach der Objektivierung der zahlreichen bemessungsgrundlagebestimmenden Faktoren.[348] Eine Ableitung bemessungsgrundlagenbezogener Konsequenzen für eine Einkommensteuer[349] erlaubt diese hybride Konzeption zumindest für die Zwecke dieser Untersuchung nicht.

---

[344] Vgl. Folkers, PWP 2003, S. 413-416.
[345] Vgl. Folkers, in: Seel (2007), S. 115-118, 121, 124-125, 133.
[346] Vgl. Folkers, in: Seel (2007), S. 119, 126-131, 133-135.
[347] Vgl. ausführlich Siegel, in: Seel (2007), S. 166-177.
[348] Vgl. Siegel, PWP 2005, S. 113.
[349] So die Intention Folkers, vgl. Folkers, PWP 2006, S. 144.

Präziser verfährt Hundsdoerfer aus einzelwirtschaftlicher Sicht in seiner Habilitationsschrift, in welcher er nach fundierter, kritischer Analyse zentraler Einkommenskonzeptionen der Reinvermögenszugangstheorie eine Konsumdefinition beifügen möchte. Notwendig ist eine verwendungsseitige Betrachtung. Hundsdoerfer deutet Einkommen nach Evaluation der Lehren von Herrmann bis Simons als einen *Reinvermögenszugang im Sinne der S-H-S-Konzeption* in Form einer *verwendungsseitig gemessenen Erhöhung des ökonomischen Bedürfnisbefriedigungspotentials*.[350] Damit steht Hundsdoerfer keineswegs alleine.[351] *Normative Grundlage* des Begriffs ist somit eine *Potentialgröße*, denn gesucht ist die Erhöhung der *Möglichkeit* der Bedürfnisbefriedigung.[352] Der Kritik an einer Potentialbesteuerung schließt sich Hundsdoerfer jedoch an und lehnt die Erfassung nicht mit ausreichender Sicherheit entstandenen Einkommensgrößen ab.[353] Gemessen werden soll demnach eine *Ist*-Größe *entstandene Reinvermögenszugänge*, welche in Verbindung mit der *normativen Grundlage* als *tatsächlich erzielter Zuwachs* von *Konsummöglichkeiten* definiert ist.[354] Das Vermögen soll im Vergleich zu einer Nutzenbesteuerung durch Beschränkung auf „ökonomische, also knappe Güter“[355] objektiviert werden. Eine *modifizierte Reinvermögenszugangstheorie* Hackmanns, die anstelle nutzentheoretischer Überlegungen den Zugang an *ökonomischer, übertragbarer Verfügungsmacht* als Merkmal zu Grunde legt, wird von Hundsdoerfer unter anderem aufgrund fehlendem zusätzlichem Problemlösungspotentials abgelehnt.[356] So sei bspw. die Übertragbarkeit bereits implizites Merkmal der S-H-S-Konzeption, ersichtlich am Aktivierungsverbot des Humankapitals.[357]

Hundsdoerfers Konzept sucht folglich einen möglichst umfassenden Güterumfang einer aufgrund ihrer verwendungsseitigen Deutung nicht unmittelbar um das imputed income bereinigten[358] Reinvermögenszugangstheorie beizubehalten. Von zentraler Bedeutung ist der Begriffsinhalt der normativen, jedoch scheinbar nicht zugleich gemessenen Grundlage der erzielten Möglichkeit der Bedürfnisbefriedigung. Wird diese

---

[350] Vgl. Hundsdoerfer (2002), S. 54, 64, 80.
[351] Vgl. mit Bezugnahme auf Hundsdoerfer Siegel, BFuP 2007, S. 632; unabhängig von Hundsdoerfers Konzeption bspw. Pollak, in: Kirchhof/Neumann (2001), S. 49; Lang, in: Rose (2003), S. 141; Wagner, in: FS Rose (2003), S. 335.
[352] Vgl. Hundsdoerfer (2002), S. 55.
[353] Vgl. Hundsdoerfer (2002), S. 48-49, 54-55.
[354] Vgl. Hundsdoerfer (2002), S. 55.
[355] Hundsdoerfer (2002), S. 54.
[356] Vgl. Hundsdoerfer (2002), S. 62-65.
[357] Vgl. Hundsdoerfer (2002), S. 64.
[358] Hundsdoerfer verweist diesbezüglich auf Erfassungsprobleme, schließt diese jedoch nicht kategorisch aus, vgl. Hundsdoerfer (2002), S. 61-62.

Größe wie bei Hundsdoerfer zunächst nur als Synonym für Konsummöglichkeiten gebraucht, können letztlich nur potentielle Konsumausgaben und die daraus resultierende physische oder psychische Bedürfnisbefriedigung in Höhe des Nutzens gemeint sein.[359] Dabei wird ausgeblendet, dass Einkommen eine Stromgröße darstellt, während Potentiale im Vermögensbestand vor oder nach dem Reinvermögenszugang bestehen.[360] Bedürfnisbefriedigungspotentiale können deshalb nicht bereits erzielt worden sein, wenn Reinvermögensveränderungen erfasst werden. Wird die Verwirklichung eines Potential jedoch vorweggenommen, müsste ein später tatsächlich erzielter Nutzen rechtssicher fingiert werden,[361] denn ein erzielter Nutzen, bspw. durch Erzielen des Potentials, soll explizit nicht besteuert werden. Für eine weniger widersprüchliche Inhaltsbestimmung der Größe Bedürfnisbefriedigungsmöglichkeit sowie des verwirklichten Nutzens wären abermals grundlegende nutzentheoretische Kritikpunkte zu berücksichtigen, die eine Objektivierung aufgrund ihrer Theoriegebundenheit erschweren.[362]

Fraglich bleibt der zu erfassende Güterumfang, wenn die Schanzsche Konzeption verwendungsseitig als Potential gedeutet wird. Welche Güter *rein subjektiv* und deshalb aufgrund ihrer Nichtmessbarkeit auszuschließen[363] sind, wird bezüglich des Glücks oder der Freizeit vielleicht auch nutzentheoretisch objektivierbar sein. Der Güterumfang des tatsächlich zu messenden Einkommens muss dennoch unbestimmt bleiben, weil vermeintlich eindeutige Kriterien wie das der Knappheit der erzielten ökonomischen Güter entgegen Hundsdoerfers Ansicht nicht einmal zur zweifelsfreien Abgrenzung der allgemeinsten Güterkategorien genügt. Tatsächlich müssten deshalb verwirklichte Reinvermögensänderungen eines anderen Einkommenskonzeptes gemessen werden, deren Steuerbarkeit lediglich ex-post anhand ihres Konsumpotentials erklärt bzw. gerechtfertigt wird. Zur eigenständigen Messung eines Bedürfnisbefriedigungspotentials müsste nämlich das Anfangsreinvermögen bestimmt und um das Endvermögen zuzüglich der Konsumausgaben vermehrt werden.[364] Gemeint war implizit wohl

[359] Vgl. Schneider (2002), S. 251.
[360] Vgl. Schneider, FinArch 1979, S. 39.
[361] Für eine realitätsorientierte bedürfnisorientierte Betrachtung müsste ein bestimmtes Bedürfnis mit einem bestimmten, nicht zwingend (begrenzt) rationalem Verhalten in Verbindung gebracht werden. Zu einer solchen Überlegung vgl. Schanz, SozW 1979, S. 266-267.
[362] Vgl. bspw. zur Kritik am Fehlen einer Begründung der Gleichsetzung von Bedürfnispotential und Einkommen Schneider, StuW 1984, S. 359.
[363] Vgl. Schneider (2002), S. 54; vgl. diesbezüglich ebenfalls Kapitel 2.3.
[364] Vgl. Schneider (2002), S. 251; a. A. mit Verweis auf die Funktion des Einkommens, das lebenszeitliche Gesamt-Bedürfnisbefriedigungspotential abzubilden Wosnitza/Treisch, DBW 1999b, S. 563-

ein Güterumfang im Sinne der geltenden Einkommensteuer. Dann würden Sozialausgaben in der Konzeption jedoch nicht steuerbare verwirklichte Bedürfnisbefriedigung darstellen.[365] Möglicherweise wollte Hundsdoerfer schlicht das Problem der notwendigen Berücksichtigung des Potentials aus dem zugegangenen Vermögen sowie der Verschuldungsmöglichkeit bei Zugrundelegung eines periodischen Einkommens[366] lösen. Maß- und Bezugsgröße stimmen in der Konzeption zumindest letztlich nicht überein. Im Zweifelsfall greift bezüglich der Komponenten wie das des imputed income zugleich die implizit anderweitig bestimmte, tatsächlich gemessene, jederzeit jedoch die rein normative Grundlage. Folgerichtig verteidigt Hundsdoerfer auch eine Nutzungswertbesteuerung.[367]

Soll die entstehungs- und verwendungsseitige Elemente vermengende Summe der Einkünfte der geltenden Einkommensteuer lediglich positiv erklärt werden, scheint die Bezugsgröße Bedürfnisbefriedigungspotential tatsächlich am besten geeignet. Auch die Konzeption von Tipke folgt dieser Überlegung. Tipke veranlasst Kritik an zentralen Einkommensbegriffen eine eigene Variation namens *auf das Administrierbare zurückgenommene Vermögenszugangstheorie* zu formulieren,[368] die auch bei anderen Autoren mindestens Erwähnung findet.[369] Eine ausformulierte Problemlösungsidee existiert abseits der Namensgebung hingegen nicht. Wie eine Administrierbarkeit als *mit verhältnismäßigen Mitteln*[370] praktisch zu operationalisieren wäre bleibt offen. Statt einer abstrakten Explikation dieser Problemlösungsidee leitet Tipke unmittelbar an Musterbeispielen die Begriffsinhalte seines Einkommensbegriffes her. Kaum eines der Kriterien vergangener Kapitel kann zwecks Systematisierung oder Eignung zur Erfüllung steuerwissenschaftlicher Postulate auf dieser Ebene geprüft werden. Die Bezeichnung der Konzeption als Theorie scheint wohl nicht aus juristischer, zumindest aber aus erfahrungswissenschaftlicher Perspektive schon deshalb verfehlt.

---

564. Derartige abstrakte Überlegungen können jedoch in einer tatsächlich periodischen, mit Abzugsschranken versehenen Einkommensteuer nur eingeschränkt von Bedeutung sein. Das „Einkommen" der Einkommensteuer bildet zuerst eine (pragmatisch zu definierende) Leistungsfähigkeit einer Periode ab, vgl. Karrenbrock, DB 2004, S. 560; sowie Kapitel 3.3.

[365] Vgl. Schneider, StuW 1984, S. 359.

[366] So die Konzeption Hallers, jedoch unter Einbezug von Größen wie der Freizeit, vgl. kritisch diesbezüglich Schmidt, FinArch 1967, S. 386-392.

[367] Vgl. Hundsdorfer (2002), S. 76-78.

[368] Vgl. Tipke (2003), S. 629-658, hier insb. S. 629-631; ebenfalls skizziert von Trzaskalik, vgl. Trzaskalik, in: FS Tipke (1995), S. 321-341.

[369] Vgl. Siegel, in: Schmiel/Breithecker (2008), S. 302; Söhn, in: Schön (2007), S. 24; Drüen, in: Jachmann (2014), S. 52.

[370] Vgl. Tipke (2003), S. 630.

Fragwürdig erscheint Tipkes allzu optimistischer Rekurs auf die begrifflich nicht sauber unterschiedene Reinvermögenszuwachstheorie, die erst in den weiteren Ausführungen auf das Realisierte begrenzt wird.[371] Einerseits bleibt unklar, welche Konzeption nach dieser Einschränkung letztlich vertreten wird. Das S-H-S-Konzept ist zudem weder *ökonomisch rein*, noch schränkt ihre Anwendung lediglich eine Nichtumsetzbarkeit in *Randbereichen* ein.[372] Eine Reinvermögenszuwachstheorie ist keine Ausgangsgröße oder ein Fundament, sondern ein bisher noch nicht zweifelsfrei hergeleitetes Ergebnis. Weiterhin kennt die Reinvermögenszuwachstheorie kein differenzierendes Element, noch ließe sich ein solches überhaupt integrieren. Obwohl Tipke das Erfordernis der Administrierbarkeit nur nachträglich ergänzen möchte, schafft er letztlich dennoch einen neuen Einkommensbegriff, der einer formalen, nicht essentialistischen Definition bedarf. Die des Reinvermögenszugangs scheidet hierfür zumindest anfänglich aus.

Soll implizit nur ein unbestimmter, wie auch immer ausgearteter umfassender Güterumfang innerhalb eines Einkommensbegriffes begrenzt werden, wiederholt Tipke das fundamentalste Postulat des Einkommensteuerrechts, der möglichst vollständigen, jedoch gleichmäßigen Erfassung steuerlicher Leistungsfähigkeit. Begrenzt wird der Umfang aus der Perspektive der Finanzverwaltung mithilfe des Kriteriums der Administrierbarkeit des Einkommens, welches den modernen Besteuerungsvorgang nicht adäquat wiederspiegelt. Die jeweiligen Grenzen werden von Tipke anschließend einzelfallbezogen an zentralen Einkommenselementen determiniert. Insgesamt erinnert die anschließende Herleitung des Einkommensumfangs an einen pragmatischen Einkommensbegriff, welcher innerhalb einer bisher nicht untersuchten pragmatischen Einkommenstheorie erörtert wird.

Letztlich kann weder mit der Quellen-, der Reinvermögenszugangstheorie, noch mit dem im Anschluss zu erörternden Markteinkommenskonzept die geltende Besteuerungspraxis bezüglich eines subjektiven Nettoprinzips konsistent hergeleitet werden.[373] Alle drei in diesem Kapitel untersuchten Variationen eint das verständliche Ziel,

---

[371] Tipke belegt in seinen Ausführungen selbst nach dieser Einschränkung den Vermögenszugang, Reinvermögenszugang und einer als S-H-S bzw. comprehensive income tax base bezeichneten Reinvermögenszuwachstheorie mit demselben Begriffsinhalt, vgl. Tipke (2003), S. 624-626, 629-630.

[372] So Tipke (2003), S. 630.

[373] Vgl. Gramlich/Treisch, DB 1997, S. 2349-2354; Rose, BB 1992, Beilage 5 zu Heft 10, S. 5.

Komponenten des derzeit geltenden umstrittenen Sozialstaatsprinzips in den Einkommensbegriff integrieren zu wollen. Weil bspw. bei Unterhaltszahlungen im Rahmen entsprechender Konzeptionen als Zwangsausgaben weder verwirklichte Mittelzuflüsse, noch verwirklichte Bedürfnisbefriedigung[374] vorliegt,[375] muss auf das Konsumpotential als Alternative rekurriert werden. Zumindest relativiert diese Problematik die überaus kontroverse Natur einer vertikalen Gleichmäßigkeit.[376] Eine synthetische Berücksichtigung derartiger Größen vermengt hingegen zweifellos entstehungs- und verwendungsseitige Bezugsgrößen, woraus zahlreiche Wiedersprüche bereits auf formaler Ebene erwachsen.[377]

4.4 Markteinkommenstheorie

Die dritte und vergleichsweise junge der rein entstehungsseitig formulierten Einkommensbegriffe beruht auf einer Feststellung Ruppes: Das gemeinsame Merkmal, dass die *meisten Einkunftsquellen* des EStG a. F. *verbinde*, ist „[...] die *entgeltliche Verwertung von Leistungen (Wirtschaftsgütern oder Dienstleistungen) am Markt*",[378] als *kleinsten gemeinsamen Nenner* der pragmatisch aufgeführten Einkunftsarten.[379] Ruppe führt diese Feststellung auf Neumark zurück,[380] der für die Bildung des *Individualeinkommensbegriffes* auf die *Teilnahme an der Bildung des Sozialproduktes* verweist, folglich „... jenen Teil des Jahreserzeugnisses [...], der auf die Märkte gelangt und dort mittels des Preismechanismus in den Verteilungsprozeß [sic] eintritt."[381] Abgeleitete Einnahmen, bspw. Erbschaften und Unterhaltszahlungen, sind demnach nicht durch *Teilnahme am Marktgeschehen* und Absatz von *Leistungen* entstanden, sodass *konsumierbarer Vermögenszuwachs* vorliegt, jedoch keine *Einkunftsquelle* und deshalb keine einkommensteuerbare Einnahmen.[382] Implikation dieser Konzep-

---

[374] Auch wenn ein nutzentheoretisches Paradigma angenommen wird, scheint dieser Gedanke bei Anwendung zwecks Objektivierung zumindest einer Erläuterung würdig. Sind bspw. die Grundvorstellungen von Nationalökonomen wie bspw. Jäger, FinArch 1940, S. 26-29 gemeint, sei auf Kapitel 2.2 und die vergangene Diskussion verwiesen. Kamp, FinArch 1945, S. 46 differenziert bspw. Zwangssparen definitorisch von dem Sparakt als freien menschlichen Wille durch von außen erfolgenden Zwang, eine offensichtlich noch auszubauende Definition.

[375] Vgl. Wosnitza/Treisch, DBW 1999a, S. 353-355; Treisch (1999), S. 73-74.

[376] Vgl. zur Diskussion von Wosnitza/Treisch Siegel, DBW 1999, S. 558-563; krit. Bareis, DBW 1999, S. 555-556; Schneider, DBW 1999, S. 560-562.

[377] Vgl. Bareis, DStR 2010, S. 565.

[378] Ruppe, in: Tipke (1979), S. 16.

[379] Vgl. Ruppe, in: Tipke (1979), S. 16.

[380] Vgl. Ruppe, in: Tipke (1979), S. 16.

[381] Neumark (1947), S. 42 im Original teils kursiv.

[382] Vgl. Ruppe, in: Tipke (1979), S. 16.

tion ist auch, dass *Leistungserstellung und Einkünftebezug* auseinanderfallen können.[383] Nach dem später als Markteinkommenstheorie bezeichneten Ausbau dieser Überlegung muss steuerbares Einkommen *am Markt erwirtschaftet* worden sein, wobei sich im Begriff des *Erwirtschaftens* die wirtschaftliche Tätigkeit als *planmäßiges Handeln*, der geldwerte *realisierte Erfolg* sowie die subjektive Einkünfteerzielungsabsicht des Steuerpflichtigen vereint.[384]

Steuerbares Einkommen entspricht demnach einem Einkommen als über Markthandlungen verwirklichte Mehrung an Reinvermögen. Der Güterumfang ist zwischen der Reinvermögenszugangs- und der Quellentheorie zu verorten, muss jedoch nicht explizit abgegrenzt werden, weil die Markteinkommenstheorie auf Ebene der Leistungen und Entgelte ansetzt. Ähnlich der Quellentheorie erfolgt eine Sphärentrennung, wobei auch Reinvermögensmehrungen des privaten Erwerbsvermögens der Erwerbssphäre zuzuordnen sind.[385] Steuerfrei bliebe wegen einer fehlenden marktmäßigen Verwertung neben der Wertschöpfung anstelle von Marktprozessen auch das imputed income. Illiquide Posten, wie unrealisierte Wertzuwächse, steuerrechtliche Modifikationen sowie das teils bereits im vergangenen Kapitel diskutierte Transfereinkommen wären weiterhin freizustellen. Gleichmäßigkeit der Besteuerung wird folglich pragmatisch interpretiert, indem Leistungsfähigkeit in einer praktikabel erfassbaren, finanziellen Maßgröße gemessen wird.[386] Bezugs- und Maßgröße stimmen insgesamt überein, auch weil es eines Rückgriffs auf nutzentheoretische Überlegungen nicht bedarf.

Erfasst und separiert wird die leistungs- und erwerbswirtschaftliche Tätigkeit des Steuerpflichtigen. Das steuerlich relevante realökonomische Handeln und ihre zugrundeliegende rechenökonomische Zielgröße entspricht dadurch dem Zielsystem des Steuerpflichtigen.[387] Entscheidungswirkungen können deshalb aufgrund der Interessenidentität von Fiskus und Zensit minimiert werden und verschieben sich auf eine Verlagerung realökonomischer Handlungen. In Höhe des privatautonom vereinbarten

---

[383] Vgl. Ruppe, in: Tipke (1979), S. 16.
[384] Vgl. Wittmann, StuW 1993, S. 36.
[385] Vgl. Desens, in: Jachmann (2014), S. 122; Elicker, DStZ 2005, S. 566; zum Erwerbsvermögen im Bereich der Überschusseinkünfte vgl. Krüger, FR 1995, S. 633-640; diesbezüglich krit. Steichen, in: FS Tipke (1995), S. 378.
[386] Praktisch wird das Markteinkommen derzeit aufgrund von Befreiungen nicht vollständig erfasst, vgl. Birk, StuW 2000, S. 330-331.
[387] In diesem Sinne, denn Ziel ist der *Erwerb von Einkommen*, vgl. Schneider (1994), S. 39-40.

Entgelts offenbaren zudem beide Tauschparteien individuelle Präferenzen,[388] die nicht nur für den Fiskus vergleichsweise offen einzusehen sind, sondern auch objektiv im Preis gemessen werden können.[389] Statt einer Erfassung des inneren Willens des Steuerpflichtigen durch die subjektive Einkünfteerzielungsabsicht kann die Steuerbarkeit von Einkünften deshalb durch die zur Entgelterzielung ausgerichteten erwerbswirtschaftlichen Handlungen objektiv bestimmt werden.[390] Auch das Veranlassungsprinzip kann diese Unterscheidung überzeugend nutzbar machen.[391] Insgesamt wird die Konzeption einer nachhaltigen Einkommenskonzeption gerecht, indem nur realökonomisch fundierte, verwirklichte und objektivierte Reinvermögensmehrungen erfasst werden.

Der so erläuterte Einkommensbegriff erklärt den geltenden Einkommensteuergenstand tatsächlich zu großen Teilen.[392] Jüngere Änderungen, wie die Abschaffung der Nutzungswertbesteuerung, wurden sogar teils als Annäherung des Gesetzgebers an die Markteinkommensidee gedeutet.[393] Und auch der BFH legt regelmäßig mit dem Merkmal *Tätigkeit am Markt gegen Entgelt für Dritte äußerlich erkennbar* markteinkommenstheoretisches Denken zur Beurteilung der Steuerbarkeit in Grenzbereichen zugrunde.[394] Der Markt wird hierbei zur Ergänzung der Nachhaltigkeit und Gewinnerzielungsabsicht als Synonym für eine Beteiligung am allgemeinen Wirtschaftsverkehr gebraucht,[395] bei der bspw. Leistungen an eine unbestimmte Anzahl von Personen angeboten und bei Erfüllung der Vertragsbedingungen veräußert werden soll.[396] Hervorzuheben ist auch das Verständnis des BFH der sonstigen Leistung des § 22 Nr. 3 EStG als „... jedes Tun, Dulden oder Unterlassen, das Gegenstand eines entgeltlichen Vertrages sein kann und das eine Gegenleistung auslöst".[397] Diese Definition gilt grundsätzlich in dieser Form für alle Einkunftsarten.[398] Zuletzt greift auch das BVerfG

---

388 Vgl. Schön, StuW 2013, S. 290.
389 Vgl. Elicker, DStZ 2005, S. 565.
390 Vgl. Kirchhof, DStR-Beih. 2007, S. 14-15.
391 Vgl. Huber, in: FS Ruppe (2007), S. 227.
392 Vgl. Lehman (2003a), S. 18-22; Marx, DStZ 2014, S. 284.
393 Vgl. Wittmann, StuW 1993, S. 37 mit weiteren Beispielen; a. A. Söhn, in: FS Tipke (1995), S. 346.
394 Vgl. BFH, Urteil vom 16.09.2015, BStBl II 2016, S. 48, Rz. 20. Zur Herleitung dieses Ergebnisses mithilfe der Markteinkommenstheorie vgl. Marx, DStZ 2014, S. 286-288.
395 Vgl. BFH, Beschluss vom 15.03.2012, BStBl II 2012, S. 665.
396 Ausf. zu den weiteren Anforderungen des BFH mit jeweiligen Verweisen Bode, in: Blümich, Loseblatt, Oktober 2014, § 15 EStG, Rn. 51-55.
397 Vgl. BFH, Urteil vom 24.08.2006, BStBl II 2007, S. 44.
398 Vgl. Killat, in: Herrmann/Heuer/Raupach, Loseblatt, September 2016, § 22 EStG, Rn. 388.

markteinkommenstheoretisches Gedankengut auf, indem es auf die erwerbswirtschaftliche Marktteilnahme Bezug nimmt.[399]

Nachteilig wirkt die unvollständige Erfassung der Leistungsfähigkeit, falls diese im Sinne (irgendeiner) Reinvermögenszugangs- oder -zuwachstheorie expliziert wird.[400] Ein Verzicht auf die Erfassung nicht über Markthandlungen verwirklichter Mehrungen führt zudem zu geduldeten Entscheidungswirkungen sowie zu einem Anreiz, schwieriger zu erfassende Sachleistungen innerhalb eines Unternehmens zu erbringen.[401] Die Freistellung oder Klassifikation als Ausnahme insbesondere von ausgewählten Transfereinkünften ist zudem nur aus der Perspektive der Markteinkommenstheorie schlüssig.[402] Die Erklärungskraft der Markeinkommenstheorie für Grundpfeiler der Bestimmung des geltenden Steuergegenstandes ist dennoch auch unter Kritikern unbestritten.[403]

Aus dieser zunächst nur zur positivrechtlichen Grundlegung gedachten Überlegung sind deshalb auch unterschiedliche normative Konzeptionen erwachsen.[404] So nutzt Kirchhof für seine Interpretation der Markteinkommenstheorie die Bezeichnung der *Erwerbseinkommenstheorie,*[405] fügt ihr jedoch eine äquivalenztheoretische Komponente hinzu,[406] weshalb diese im Folgenden unbeachtlich bleiben soll. Dem ursprünglichen Verständnis Ruppes entsprach anfangs auch Lang, als dieser die Markteinkommenstheorie für das Einkommensteuerrecht lediglich rechtsdogmatisch umformuliert als Summe der *erwirtschafteten* Einkünfte, *Einkünfte aus Erwerbstätigkeit mit Gewinnerzielungsabsicht*, oder *der Beteiligung am wirtschaftlichen Verkehr* erläuterte.[407] Weil der Markt jedoch zu klein sei, soll vielmehr steuerbar sein, was der Steuerpflichtige durch *„mit Gewinnabsicht ausgeübte Erwerbstätigkeit erwirtschaftet hat“*,[408] folglich

---

[399] Vgl. BVerfG, Beschluss vom 12.05.2009, BVerfGE 123, S. 121, Rn. 27.
[400] Vgl. bspw. ausgehend vom Konzept der *objektivierten ökonomischen Verfügungsmacht* ausf. Steichen, in: FS Tipke (1995), S. 380-389.
[401] Vgl. Wagner, in: FS Siegel (2005), S. 617; Wagner, FR 2012, S. 657; gemeint sind im letzteren Fall insbesondere die sog. *fringe benefits*.
[402] Vgl. ausf. Söhn, in: FS Tipke (1995), S. 352-362; Desens, in: Jachmann (2014), S. 123.
[403] Vgl. Tipke, StuW 2002, S. 155; Hey, in: Tipke/Lang (2015), § 8, Rz 52.
[404] Vgl. Söhn, in: FS Tipke (1995), S. 344.
[405] Vgl. Kirchhof, in: Kirchhof/Söhn/Mellinghoff, Loseblatt, September 2015, § 2 EStG, Rn. A 365.
[406] Vgl. zur Kritik Siegel, in: FS Kirchner (2015), S. 1020-1021; Seer, StuW 2013, S. 239-240.
[407] Vgl. Lang, StuW 1981, S. 229-230, abgeleitet aus dem Einkommensbegriff Roschers; Lang (1988), S. 19 und S. 232-237, mit Verweis und kritischer Analyse der historischen Begriffsentstehung der gewerbesteuerlichen *Beteiligung am allgemeinen wirtschaftlichen Verkehr*.
[408] Hey, in: Tipke/Lang (2015), § 7, Rz. 30.

das gesamte *Erwerbseinkommen* auch *außerhalb* des Marktes erfasst werden.[409] Hundsdoerfer hingegen verweist auf die unterschiedlichen Bedeutungsinhalte des Marktes in der ökonomischen Theorienbildung,[410] die im Kontext der Einkommensteuer nicht nutzbar seien.[411] Dass an anderer Stelle dann eine völlige Unbestimmtheit[412] des vermeintlich zu engen, mehrdeutigen Marktes konstatiert wird verwundert nicht, denn tatsächlich findet sich in den aufgeführten Textpassagen keine Definition oder Abgrenzung des Marktbegriffes.[413] Die Kritik richtet sich vielmehr an den steuerbaren Umfang der Gesamtkonzeption. Eine Erläuterung der Markteinkommenstheorie durch Verweis auf den umfänglicheren Erwerbseinkommensbegriff[414] erscheint dennoch irreführend, soweit eine rein tautologische Umformung bei Ausklammern des finanzwissenschaftlichen Marktbegriffes bereits auf formaler Theorieebene (der des *Strukturkerns*[415]) nicht vorliegen kann. Offen bliebe im Bereich des Erwerbseinkommens zudem die Abgrenzung der erfassbaren nicht-marktmäßigen Leistungen, insbesondere derjenigen Mehrungen, die anstelle von Marktprozessen erzielt werden. Inwiefern das Kriterium *Erwerbstätigkeit* die Konzeption substantiieren kann ist insbesondere in diesem Bereich fraglich, denn das Erwerbseinkommen wird wohl nur auf dem Erwerbsprinzip basieren können, welches integraler Bestandteil der Marktwirtschaft und damit der Vorstellung eines Marktes ist. Leistet auch diese Erweiterung praktisch ähnliches für die geltende Einkommensteuer, dann insbesondere, weil die Konzeption primär den Einkommensbegriff der geltenden Einkommensteuer positiv erklären soll.

---

[409] Vgl. Hey, in: Herrmann/Heuer/Raupach, Loseblatt, August 2014, Einführung zum EStG, Rn. 13; Hey, in: Tipke/Lang (2015), § 7, Rz. 31 sowie § 8, Rz. 52.

[410] Vgl. Rosenbaum, RevSocEcon 2000, S. 457-462. Rosenbaum fordert, Ort und Zeit von Märkten eindeutig feststellen zu können und untersucht drei nicht eindeutig differenzierbare Kategorien: *observational definitions*, die auf den empirischen Tausch abstellen, *functional definitions*, die bspw. durch Preisbildungsprozesse oder den Informationsaustausch beschreiben, was ein Markt bewirkt (*does*), oder *structural definitions*, die den Fokus auf abstrakte Mechanismen und Strukturen abstellen.

[411] Vgl. Hundsdoerfer (2002), S. 78-79 mit Verweis auf Rosenbaum.

[412] Vgl. Tipke (2003), S. 628; kritisch Weber-Grellet (2001), S. 80-81.

[413] Vgl. bspw. der Verweis von Tipke/Lang auf Söhn, in: FS Tipke (1995), S. 343. Weder auf dieser, noch einer anderen Seite definiert Söhn jedoch den Markt in diesem Kontext. Lediglich auf S. 348 findet sich ein Verweis auf Kirchhof (allgemeiner Markt), auf S. 350 ein wörtliches Zitat Wittmanns (Markt als *Gesamtheit der privaten Wirtschaftssubjekte).* Weiterhin wird unbestimmt verwiesen auf Steichen, in: FS Tipke (1995), S. 365, der den Markt wohl gleichsetzt mit der einkommensteuerrechtlichen *Beteiligung am allgemeinen Wirtschaftsverkehr*, S. 368, eindeutig zumindest bei Schön, in: FS Offerhaus (1999), S. 395-398.

[414] Vgl. Kirchhof, in: Kirchhof/Söhn/Mellinghoff, Loseblatt, September 2015, § 2 EStG, Rn. A 364; Hey, in: Tipke/Lang (2015), § 3, Rz. 68.

[415] Vgl. zur Ebene des Strukturkerns Schneider (2001), S. 118-121. In dieser wird die Problemlösungsidee vereinfacht in einem verbalen Modell ausgebaut, würde daher sinngemäß dem in Kapitel 3.3 angesprochenen Aussagensystem entsprechen.

Ob die Rückführung des Markteinkommens auf einzelne Autoren der Nationalökonomie nun gerechtfertigt ist oder nicht, soll unbeantwortet bleiben. Zumindest sollten derartige Rückbezüge relativierend festgestellt werden.[416] Im Übrigen sind auch Kernelemente des steuerrechtswissenschaftlichen *Erwerbseinkommens* bereits von Nationalökonomen definiert worden.[417]

Doch auch der Markteinkommenstheorie fehlt es noch an einer deduktiv hergeleiteten und geordneten Darstellung des Steuergegenstandes des geltenden deutschen Einkommensteuerrechts, sodass Zweifel an der Theoriegüte angebracht sind. Zwar kann der geltende Steuergegenstand markteinkommenstheoretisch erklärt werden. Fraglich bleibt, ob die Konzeption nicht auch eine Besteuerung bisher nicht erfasster Leistungen implizieren würde oder ob eine bestimmte Einkommensermittlungsmethode de lege lata, als auch de lege ferenda besonders geeignet wäre. Ein modernes, insbesondere betriebswirtschaftliches Theoriegerüst scheint hingegen zu existieren. Möglicherweise auch im Bewusstsein dieser Ungenauigkeiten, zumindest wohl aber aufgrund des subjektiven Nettoprinzips sprechen einige Ökonomen zurecht nur von einem *Markteinkommenskonzept*.[418] Als einkunftsartenübergreifendes Programm ist das Markteinkommenskonzept dennoch geeignet, den Steuergegenstand einheitlich zu bestimmen und dadurch den Dualismus der Einkunftsarten aufzulösen. Deshalb soll durch Bezugnahme und Erweiterung der in Kapitel 2.2 und 2.3 erarbeiteten Teillösungen im Folgenden noch das Markteinkommenskonzept sowie dessen Merkmale innerhalb der Einkunftsarten skizzenhaft aufgezeigt werden. Hierzu bedarf es zunächst einer Klärung des Marktbegriffes.

---

[416] Vgl. krit. zur selektiven Bezugnahme auf Roscher und Neumark Hundsdoerfer (2002), S. 70-73. Tatsächlich argumentiert Neumark stets ausgewogen. Der Kritik Hundsdoerfers wäre aus der Perspektive dieser Untersuchung auch hinzufügen, dass Roscher bedürfnisorientiert argumentiert, vgl. Roscher (1897), S. 5. Auch Vocke ließe sich durch die *Arbeit* als *Wiederholendes* das Motiv der planmäßigen wirtschaftlichen Tätigkeit erkennen, vgl. Vocke (1894), S. 278, weiterhin 280-281. *Steichen* hingegen führt das Markteinkommen im Grunde bis zu Smith zurück, vgl. Steichen, in: FS Tipke (1995), S. 369-370.

[417] Vgl. bspw. Vogel, ZfgS 1932, S. 458: „Einkommen ist die Gesamtheit der [...] zufließenden, sei es marktmäßig, sei es außermarktmäßig entstandenen geldwerten [...] Einnahmen aus einer Erwerbstätigkeit, aus Berechtigungen, ertragbringendem Kapital oder sonstigen geldwerten Bezügen, soweit sie aus einer [...] auf Dauer zustehenden Erwerbsquelle oder Erwerbsbeziehung oder aus einem geschäftsmäßigen Abverkauf von zu diesem Zwecke erworbenen Vermögensobjekten stammen." Zu den jeweils eigens belegten Begriffsinhalten sowie zur Diskussion auch weiterer, weniger bekannten Einkommensbegriffen, vgl. Vogel, ZfgS 1932, S. 455-460.

[418] Vgl. bspw. Marx, DStZ 2014, S. 282; Bareis, StuW 1991, S. 39 mit Verweis auf dieser Konzeption folgenden Autoren; Bareis, in: FS Schneider (1995), S. 46. Ursprünglich sollte das Markteinkommen nach einigen Autoren zugleich die Bemessungsgrundlage darstellen. Aus bereits erläuterten Gründen soll die Ungereimtheit des subjektiven Nettoprinzips jedoch ausgeblendet bleiben.

5 Markteinkommenskonzept als zieladäquate Ausgestaltungsmöglichkeit der Einkommensteuer

5.1 Marktbegriff und Markteinkommen

Der für den finanzwissenschaftlichen Einkommensbegriff relevante Marktbegriff wird oftmals nur abstrakt als „Ort des Zusammentreffens von Angebot und Nachfrage“[419] definiert. Durch den dadurch bewirkten Austausch von Anreizen[420] können unterschiedliche Funktionen und Mechanismen abgeleitet und der Definition beigefügt werden; für diese Untersuchung insbesondere der Zweck des Tauschens[421] oder der Preisbildung. Reale Vorgänge werden dadurch zugunsten ihrer Wirkungen vereinfacht,[422] sodass eine Typisierung erfolgt. Als digitaler oder realer Ort ist dieses Verständnis des Marktes als Teilerklärung des Einkommensteuergegenstands geeignet und nicht zu eng gegriffen, sofern Einzelausnahmen und Lückenschließungen akzeptiert werden.[423] Hingegen kann kritisch eingebracht werden, dass die allgemeine Natur dieser Definition eine Differenzierung von nicht-marktmäßigen Tauschhandlungen in dieser Form nicht erlaubt.[424] Dem ist wiederum entgegenzuhalten, dass diese formale Definition noch nichts über realökonomisch beobachtbare Sachverhalte in Form von Handlungen aussagt.[425] Nicht die formale Definition des Einkommensbegriffes führt bereits zur Steuerbarkeit von erzielten Einkünften, sondern erst die im Zweifel einzelfallabhängige Auslegung der Tatbestände.[426] Nötig ist ein Anknüpfungspunkt in Form einer Handlung im Rahmen einer Einkunftsart, der zum Tausch bestimmten Leistung und eines entsprechenden Entgelts, anhand dessen die Existenz, die Form und das Wesen des Marktes bzw. der Allgemeinheit konkretisiert wird.[427]

Mithilfe zahlreicher Merkmale hat der BFH derartige Anzeichen beschrieben, deren Diversität abermals Kritik veranlasst hat.[428] Der Markt kann aus einem kleinen, nicht abgeschlossenen Kreis an Personen bestehen, an welchen sich der Steuerpflichtige

---

[419] Bontrup (2004), S. 5.
[420] Vgl. Heinen, in: FS Gutenberg (1973), S. 83.
[421] Vgl. Bontrup (2004), S. 148; sowie Kapitel 2.2 dieser Untersuchung.
[422] Vgl. Engelhardt, in: EdBWL - Handbuch des Marketing (1995), S. 1696.
[423] Vgl. Marx, DStZ 2014, S. 284.
[424] Vgl. Rosenbaum, RevSocEcon 2000, S. 461-462.
[425] Vgl. zur Kritik an der volkswirtschaftlichen Definition aufgrund diesem und weiteren Einwänden, Schneider (2011), S. 41-42; Schneider (1995), S. 76-77.
[426] Vgl. jedoch mit Kritik zu den Einkommenstheorien Ratschow, in: Blümich, Loseblatt, November 2014, § 2 EStG, Rn. 38.
[427] Vgl. BFH, Urteil vom 13.12.1995, BStBl II 1996, S. 239.
[428] Vgl. ausf. zur Teilnahme am allgemeinen Wirtschaftsverkehr mit entsprechenden Nachweisen Stapperfend, in: Herrmann/Heuer/Raupach, Loseblatt, Mai 2013, § 15 EStG, Rn. 1051-1059.

wendet.[429] Andererseits scheint es auch verständlich, unter Umständen die Marktteilnehmer auf lediglich eine Nachfrage zu begrenzen.[430] Eine ganzheitliche Deutung oder Prüfung dieser Kriterien durch Ökonomen der Betriebswirtschaftlichen Steuerlehre[431] steht dennoch aus. Zwar keine Unbestimmtheit, jedoch eine bisher ungelöste Unschärfe auf begrifflicher Ebene ist deshalb nicht abzustreiten. Angesichts des empfundenen Mangels der unvollständigen Erfassung der Leistungsfähigkeit durch das Markteinkommen scheint eine breite Auslegung jedoch angemessen.

Erfahrungswissenschaftlichen Ansprüchen genügt im Grunde erst die in eine eigene Theorie der Unternehmung[432] eingebettete Definition Schneiders des Marktes als „Name für über Marktstruktur und Marktregeln geordnete Marktprozesse"[433], also als beobachtbare Handlungen in der Institution Markt.[434] Eine Institution besteht dabei aus Regelsystemen, die zugleich das Handlungssystem und ihre Handlungsabläufe regeln.[435] In dieser Institution Markt führt eine Institution *Unternehmung* Marktprozesse durch, die neben der Beschaffung und Verbreitung von Informationen auch Tauschverhandlungen und den Absatzvorgang in Form des privatrechtlichen Vertragsabschlusses beinhaltet.[436] Der leistungswirtschaftliche Prozess sowie der realökonomische Tausch der Leistung wird hingegen der Marktzufuhrhandlung zugeordnet. Relevante Unterschiede zu den in Kapitel 2.2 und 2.3 erarbeiteten Teilergebnissen liegen nur im Detail, sodass es einer näheren Beleuchtung der Konzeption nicht bedarf.

Zweifellos überzeugt Schneiders Definition schon auf formaler Ebene durch präzise Begriffsbildungen, die bereits erläuterte Gedankengänge prägnant erfassen und verdichten. Praktisch würden innerhalb einer Markteinkommenstheorie beide Marktbegriffe dennoch zu ähnlichen Ergebnissen führen. Die Forderung eines eindeutig definierten Marktes erscheint deshalb verfehlt, soweit selbst die schwierig zugängliche

[429] Vgl. BFH, Urteil vom 16.05.2002, BStBl II 2002, S. 575.
[430] Vgl. BFH, Urteil vom 19.02.2009, BStBl II 2009, S. 533-537.
[431] Insofern ist die Kritik Schöns durch Zitation von Finanzwissenschaftlern wieder zu relativieren, weil diese meist nur das Sollen, nicht das Können betrachten, vgl. Schön, in: FS Offerhaus (1999), S. 395-397.
[432] Vgl. übersichtlich zu diesem Begriff Schneider, ZfB Ergänzungsheft 2001, S. 2-6.
[433] Schneider (1995), S. 84.
[434] Vgl. ausf. zu dieser Konzeption Schneider (1995), S. 78-90, hier S. 79; verkürzt bei Schauenberg, in: FS Schneider (1995), S. 519-521.
[435] Vgl. Schneider (2011), S. 20-21.
[436] Vgl. Schneider (1997b), S. 56-57.

Konzeption Schneiders die komplexe Besteuerungsrealität nicht bereits begrifflich erfassen könnte. Statt einer nur vermeintlichen Aufgabe des Markts durch den Erwerbseinkommensbegriff[437] kann dieses Konstrukt mit seinen unterschiedlichen Facetten jedoch in beiden Fällen für die Auslegung steuerlicher Tatbestände nutzbar gemacht werden.

Zusammengeführt können die Leistungserstellung und ihre anschließende rechtliche Verwertung an Märkten als zentrales Anliegen des Erwerbswirtschaftens angesehen werden, sodass der Steuerpflichtige auf die Erstellung von Leistungen und der Einnahme von Entgelten zielt.[438] Markt und unterschiedliche Formen einer Unternehmung unterliegen dabei auferlegten Gesetzen.[439] Leistung und Gegenleistung können dadurch mithilfe von Verträgen rechtlich abgesichert werden, welche deshalb Grundlage von Transaktion in Märkten sind.[440] Tatsächlich resultierende Steuerrechtsfolgen des privatrechtlich geregelten Leistungsverhältnisses erfolgen jedoch nach Maßgabe des Steuerrechts.[441] In Ausnahmefällen können mithilfe des Kriteriums der Marktüblichkeit die Vertragsgestaltung und die Leistungsbeziehung beurteilt und gegebenenfalls korrigiert werden.[442]

An sich bedarf das erwerbswirtschaftliche Handeln auch keiner weitergehenden Differenzierung, um steuerbares von nicht steuerbarem Verhalten unterscheiden zu können.[443] Dass das Erwerbsprinzip bloß eine Teilerklärung für das realökonomische Marktverhalten darstellt,[444] steht diesem Befund nicht entgegen. Auch die wirtschaftstheoretische Kritik, dass die Vereinfachung *erwerbswirtschaftliches Verhalten* und ihre finanzielle Zielgröße nicht beobachtet, sondern lediglich theoretisch unterstellt werden kann,[445] scheint für die Zwecke des Untersuchungsziels vertretbar. Unabhängig von subjektiven Elementen kann ein erwerbswirtschaftliches Verhalten als Teilmenge der

[437] Zumindest der Kölner Entwurf eines Einkommensteuerrechts verzichtet explizit auf die Erwähnung eines Marktes, vgl. Lang et al. (2005), Rz. 145-146.
[438] Vgl. Lehmann, in: Handbuch der kommunalen Wissenschaft und Praxis (1985), S. 261.
[439] Vgl. Schneider, in: Ott/Schäfer (1993), S. 23-24.
[440] Vgl. Hax, in: Ordelheide/Rudolph/Büsselmann (1991), S. 52.
[441] Vgl. Kirchhof, in: Kirchhof (2016), Vorbemerkung, Rn. 41.
[442] Vgl. bspw. bei nahestehenden Personen, da ansonsten der Preis unter fremden Dritten annahmegemäß individuelle Präferenzen wiederspiegelt, vgl. Kreft, in: Herrmann/Heuer/Raupach, Loseblatt, November 2016, § 9 EStG, Rn. 112.
[443] Auf dieser Idee basieren insbesondere der Karlsruher Entwurf sowie das Bundessteuergesetzbuch, vgl. Bareis, StuW 2002, S. 139; Kirchhof, BB 2006, S. 71-75.
[444] Vgl. Albert, ZfgS 1958, S. 287-289.
[445] Vgl. Schneider (1987), S. 160.

gesamten wirtschaftlichen Handlungen des Steuerpflichtigen ex-post festgestellt werden. Das geltende Einkommensteuerrecht unterscheidet dennoch durch drei Kategorien und sieben Arten erwerbswirtschaftlichen Handelns, welche zugunsten der Rechtssicherheit und Gleichmäßigkeit der Besteuerung im Rahmen der jeweiligen Einkunftsarten spezifisch ausgelegt werden.[446] Entsprechend setzen Beurteilungen, wie die der entbehrlichen subjektiven Einkünfteerzielungsabsicht, erst die Zuordnung eines erzielten Entgelts zu einer Einkunftsart[447] sowie die Prüfung der Veranlassung voraus.[448]

5.2 Markteinkommen und Einkunftsarten

Den Markteinkommensgedanken tragen insbesondere die Einkünfte aus Gewerbetrieb, indem der Gewerbetrieb nach § 15 Abs. 2 Satz 1 EStG als mit Gewinnerzielungsabsicht unternommene selbstständige, nachhaltige Tätigkeit beschrieben wird, die durch Beteiligung am allgemeinen wirtschaftlichen Verkehr erfolgt ist. Grundsätzlich wird dabei auf den Typus des Unternehmers in der Vorstellung des Umsatzsteuergesetzes abgestellt, wenn die Tätigkeit des Steuerpflichtigen als selbstständig und nachhaltig beschrieben wird. Das Kriterium der Selbstständigkeit wird dort nur negativ abgegrenzt.[449] Nach höchstrichterlicher Finanzrechtsprechung greifen einkommensteuerlich zumindest die Kriterien des Unternehmerrisikos und der Unternehmerinitiative.[450] Diese können zwar auch ökonomisch gedeutet werden, die Abgrenzung ist jedoch einzelfallspezifisch im Rahmen einer Gesamtschau vorzunehmen.[451] Eine nachhaltige Betätigung als bspw. planmäßige, längerfristige und auf Wiederholung angelegte Tätigkeit[452] kann aufgrund ihrer langfristigen Betrachtung mithilfe des Leistungs- und Erwerbswirtschaftens erklärt werden. Hierfür spricht, dass Nachhaltigkeit auch bei einmaliger Betätigung durch Analyse des leistungswirtschaftlichen Prozesses festgestellt werden kann, sodass eine vergangenheitsorientierte Betrachtung von Einzelmaßnahmen erfolgen kann, welche die Entgelterzielung vorbereitet haben.[453]

---

[446] So die Kritik zum Bundessteuergesetzbuch, vgl. Kirchhof (2013), S. 27-28, sowie zum Karlsruher Entwurf, vgl. Voß, ZRP 2003, S. 458-459.
[447] Vgl. BFH, Urteil vom 29.03.2001, BStBl II 2002, S. 791.
[448] Vgl. Krumm, FR 2015, S. 640.
[449] Vgl. Treiber, in: Sölch/Ringelb (2016), Loseblatt, September 2015, § 2 UStG, Rn. 90.
[450] Vgl. BFH, Urteil vom 27.09.1988, BStBl II 1989, S. 414.
[451] Vgl. zu einigen jüngeren Urteilen Demme, BB 2008, S. 1541-1545.
[452] Vgl. Treiber, in: Sölch/Ringelb (2016), Loseblatt, September 2015, § 2 UStG, Rn. 60-67.
[453] Vgl. Kempermann, DStR 2006, S. 624-265.

Mit Ausnahme der Einkünfte aus nichtselbständiger Arbeit und der gelegentlichen sonstigen Einkünfte des § 22 Nr. 3 EStG[454] können alle Einkunftsarten diese vier positiven Begriffsmerkmale erfüllen.[455] Gegenstand kritischer Diskussionen ist, ob der Gewerbebetrieb dabei einen Typusbegriff darstellt[456] und als solcher durch den BFH zielorientiert in einzelne Tatbestandsmerkmale extensiv hineininterpretiert wird, sodass alle nachhaltigen und selbstständigen Tätigkeiten zwangsweise erfasst werden.[457] Aus Sicht dieser Untersuchung ist denjenigen Positionen zuzustimmen, die eine ergebnisorientierte Auslegung weder für notwendig, noch sinnvoll erachten, weil die einzelnen Merkmale für sich allein tragfähig sind.[458] Weil auch der Gewerbebetrieb erst durch die Betätigung des Steuerpflichtigen festgestellt werden muss,[459] können entsprechende Indizien bei entgeltlicher Verwertung der Leistung ex-post erfasst und geprüft werden.

Negativ abgegrenzt wird in § 15 Abs. 1 Satz 1 EStG die land- und forstwirtschaftliche Betätigung nach § 13 EStG sowie die Ausübung eines freien Berufs nach § 18 EStG. Diese Unterscheidung betrifft jedoch weniger die Art der leistungswirtschaftlichen Betätigung, sondern dient neben einem unterschiedlichen Einkünfteumfang insbesondere der Privilegierung durch eine unterschiedliche Einkünfteermittlung sowie dem Ausschluss der Gewerbesteuerpflicht.[460] Die dadurch bewirkte Notwendigkeit der Berücksichtigung einkunftsarten- und tätigkeitsspezifischer Merkmale und Differenzen bedarf wiederum einer stetigen Anpassung, um den Wandel realökonomischen Erwerbswirtschaftens angemessen würdigen zu können.[461] Der Charakter des Markteinkommens als leistungsbezogenes Entgelt[462] ermöglicht zumindest eine solche dynamische und deshalb realitätsgerechte Beurteilung. Zuletzt eint die Gewinneinkünfte das markteinkommenstheoretisch fundierte Realisationsprinzip.[463]

---

[454] Vgl. Reiß, in: Kirchhof (2016), § 15 EStG, Rn. 15.
[455] Vgl. Kußmaul/Kloster, DStR 2016, S. 1282.
[456] Vgl. bspw. Fischer, FR 1995, S. 803-806.
[457] Vgl. bspw. BFH, Urteil vom 02.12.1998, BStBl II 1999, S. 538; krit. bspw. Zugmaier, FR 1999, S. 1000.
[458] Vgl. Drüen, in: Blümich, Loseblatt, Oktober 2015, § 2 GewStG, Rz. 82; Ritzrow, FiWi 2002, S. 324.
[459] Vgl. Reiß, in: Kirchhof (2016), § 15 EStG, Rn. 11.
[460] Vgl. Reiß, in: Kirchhof (2016), § 15 EStG, Rn. 56-57, Rn. 63.
[461] Vgl. bspw. zur Kritik im Falle der Bewirtschaftung eines forstwirtschaftlich genutzten Waldes Forchhamer, DStR 2015, S. 981; zu jüngsten Problemen der Abgrenzung gewerblicher von freiberuflichen und sonstigen Einkünften Jahn, DB 2015, S. 641.
[462] Vgl. Marx, DStZ 2014, S. 286.
[463] Vgl. Beiser, DB 2001, S. 296.

In Abgrenzung zu dem Konstrukt des Gewerbebetriebs kennzeichnen die Einkünfte aus nichtselbständiger Arbeit nach § 19 Abs. 1 Satz 1 EStG das Fehlen einer selbständigen Betätigung. Leistungswirtschaftlich wird der Arbeitnehmer deshalb für den Arbeitgeber tätig, sodass die erzielten Einkünfte im Rahmen des Dienstverhältnisses als Gegenleistung veranlasst sind.[464] Ähnlich beschreiben steuerbare Einkünfte aus Kapitalvermögen nach § 20 EStG Vorteile in Höhe eines erzielten Entgelts, die der Steuerpflichtige durch zeitlich befristete Überlassung in einem Dauerschuldverhältnis erzielt hat.[465] Entgegen quellentheoretischen Denkens rechtfertigt das Markteinkommenskonzept hierbei die Steuerbarkeit von Veräußerungseinkünften. In diesem Sinne steht auch § 21 Abs. 1 Satz 1 EStG, in welchem die zeitlich begrenzte entgeltliche Vermietung und Verpachtung von Sachen und Rechten des Privatvermögens erfasst werden.[466]

Bedeutsame Abweichungen finden sich erst wieder in den im Verlauf der Arbeit bereits diskutierten sonstigen Einkünften des § 22 EStG. Wiederkehrende Bezüge bestehen grundsätzlich ebenfalls aus erwerbswirtschaftlich erzielten Einkünften, was insbesondere Anlass für die Erwerbseinkommenskonzeption gegeben hat, welche selbst jedoch die Unterhaltsleistungen des § 22 Nr. 1a EStG in ihrer derzeitigen Form nicht erklären kann.[467] Selbiges gilt im Übrigen für rechtliche Modifikationen der Reinvermögensmehrung des Steuerpflichtigen, zumeist dann in Form im Einkommensteuerrecht verankerter Subventionen. Zumindest der § 22 Nr. 3 EStG greift grundsätzlich[468] die Grundtatbestände des § 2 EStG in Form der erwerbswirtschaftlichen Betätigung, mit ihrer Zielgröße, der entgeltlichen Verwertung von Leistungen am Markt, wieder auf.[469]

---

[464] Vgl. Geserich, DStR-Beih. 2014, S. 53.
[465] Vgl. Seibold, StuW 1990, S. 168.
[466] Vgl. Kirchhof, in: Kirchhof (2016), § 2 EStG, Rn. 52.
[467] Vgl. Hey, in: Tipke/Lang (2015), § 8, Rz. 523-524, Rz. 529.
[468] Zu einer dogmatischen Konturierung des § 22 Nr. 3 EStG vgl. Ismer, FR 2012, S. 1059-1064.
[469] Vgl. Waterkamp-Faupel, FR 1995, S. 45; Kirchhof, in: FS Lang (2010), S. 465.

6 Fazit

Noch immer fehlt es der Einkommensteuer an einem ihr zugrundeliegenden Einkommenskonzept, welches alle Einkunftsarten einheitlich erklären könnte. Ziel der Untersuchung war es deshalb, den Steuergegenstand der geltenden deutschen Einkommensteuer mithilfe einer wirtschaftstheoretischen Einkommenstheorie bzw. eines Einkommenskonzeptes identifizieren und abgrenzen zu können.

Notwendig war zunächst eine Untersuchung der Grundprinzipien der Einkommensteuer. Festgestellt wurde, dass die Einkunftsarten mithilfe des *Erzielens* Einkünfte hinsichtlich der Art, nach welcher sie erwirtschaftet wurden, differenzieren. Nur verwirklichte bzw. realisierte, geldwerte Mehrungen, die im Tausch gegen eine Gegenleistung erwirtschaftet wurden, bilden Einkünfte. Einkommensteuerlich wird die reale, rechnerische und rechtliche Sphäre tangiert.

Ökonomisch betrachtet können Handlungen kaum mithilfe des Merkmals *wirtschaftlich* systematisiert werden. Das Erwerbswirtschaften als die in der geltenden Marktwirtschaft vorherrschende Form der Betätigung ergänzt das ehemals prävalente Leistungswirtschaften um die Ausrichtung an der Erzielung von Entgelten. Dadurch können ebenfalls drei Arten von Leistungen statt kaum abgrenzbarer wirtschaftlicher Güter identifiziert werden. In Verbindung mit dem Erwerbswirtschaften wurden ebenfalls drei Ursprünge von Reinvermögensmehrungen unterschieden, die das Reinvermögen des Steuerpflichtigen berühren.

Oberstes Postulat und Rechnungszweck des Einkommensteuerrechts ist die Gleichmäßigkeit der Besteuerung, dessen Maßstab das Leistungsfähigkeitsprinzip bildet und in einer Einkommenskonzeption erläutert wird. Das Ideal einer umfassenden Erfassung der wirtschaftlichen Kraft des Steuerpflichtigen ist mit einem nachhaltigen, realitätsorientierten Besteuerungskonzept nur schwierig vereinbar. Jedoch bewirken nicht erfasste Teilbereiche im Zielsystem des Steuerpflichtigen Entscheidungswirkungen. Andererseits ist nur gleichmäßig besteuerbar, was im Massenbesteuerungsverfahren auch praktisch gleichmäßig erfasst werden kann. Einkommenskonzepte sollten diesen Konflikt lösen. Diese sind idealerweise in einer erfahrungswissenschaftlichen Theorie eingebettet und sollten nach Wertung dieser Untersuchung als Bezugsgröße den verwirklichten Mittelerwerb zugrunde legen.

Die erste Untersuchung betraf die Quellentheorie Fuistings, welche derzeit Ausdruck in den Überschusseinkunftsarten findet. Steuerbar sind hierbei nur regelmäßig fließende Erträge einer Einkunftsquelle, sodass Reinvermögensänderungen des Vermögensstamms unberücksichtigt bleiben. Die Theorie überzeugt aufgrund ihrer fundierten, realitätsorientierten Ausgestaltung, erfasst die Leistungsfähigkeit des Steuerpflichtigen jedoch aus heutiger Sicht nur unzureichend.

Gegenteilig ist die Reinvermögenszugangstheorie zu beschreiben, die durch Schanz definiert worden ist. Einkommen sollen jegliche Güteränderungen umfassen, weshalb diese Konzeption teils als ideale Maßgröße für Leistungsfähigkeit betrachtet wird. Schanz ließ einige grundlegende Abgrenzungsfragen jedoch unbeantwortet. Die auch unrealisierte Wertzuwächse erfassende Reinvermögenszuwachstheorie löst diese Probleme ebenfalls nicht. Weil die Gewinneinkunftsarten heute reinvermögenszugangstheoretisch fundiert sind, wird vom Dualismus der Einkunftsarten gesprochen.

Entgegen einiger Variationen der Reinvermögenszugangs- und -zuwachstheorie überzeugt die Markteinkommenstheorie durch ihre Systematik, indem nur entgeltliche Verwertungen von Leistungen am Markt Einkommen darstellen. Die Feststellung Ruppes, dass dieses Merkmal alle Einkunftsarten verbinde, gilt auch heute zu großen Teilen. Weil die Markteinkommenstheorie sowohl das Leistungs-, als auch das Erwerbswirtschaften umfasst, können Entscheidungswirkungen minimiert werden. Separiert wird dadurch ebenfalls die Erwerbs- und Konsumsphäre. Dennoch wird eine umfassende Leistungsfähigkeit nicht erfasst. Obwohl aufgrund einiger Ungenauigkeiten treffender als Konzept beschrieben, überzeugt die Markteinkommenstheorie vergleichsweise am meisten.

Wenn auch der finanzwissenschaftlich fundierte Marktbegriff nicht vollkommen kritikfrei angewandt werden kann, konnte das Markteinkommenskonzept dadurch überzeugend skizziert und einheitlich im Rahmen der Einkommensteuer in den Einkunftsarten aufgezeigt werden.

LITERATURVERZEICHNIS

Aaron, Henry, What is a Comprehensive Income Tax anyway?, NTJ 1969, S. 543-459.

Albach, Horst, Zur koordinationsorientierten Theorie der Unternehmung, in: Entwicklung und Bedeutung der betriebswirtschaftlichen Theorie, Gedenkschrift für **Erich Gutenberg** zum 100. Geburtstag, hrsg. v. **Koch, Helmut**, Wiesbaden 1973, S. 1-27.

Albach, Horst, Betriebswirtschaftslehre ohne Unternehmensethik!, ZfB 2005, S. 809-829.

Albach, Horst, Betriebswirtschaftslehre ohne Unternehmensethik - Eine Erwiderung, ZfB 2007, S. 195-206.

Albert, Hans, Theorie und Prognose in den Sozialwissenschaften, SJES 1957, S. 60-67.

Albert, Hans, Marktsoziologie und Entscheidungslogik: Objektbereich und Problemstellung der theoretischen Nationalökonomie, ZfgS 1958, S. 269-296.

Albert, Hans, Der logische Charakter der theoretischen Nationalökonomie: Zur Diskussion um die exakte Wirtschaftstheorie, JfNuS 1959, S. 1-13.

Albert, Hans, Nationalökonomie als Soziologie - Zur sozialwissenschaftlichen Integrationsproblematik, Kyklos 1960, S. 1-43.

Albert, Hans, Die Problematik der ökonomischen Perspektive, ZfgS 1961, S. 438-467.

Albert, Hans, Zur Theorie der Konsum-Nachfrage: Die neoklassische Lösung marktsoziologischer Probleme im Lichte des ökonomischen Erkenntnisprogramms, JB. F. Sozialwiss. 1965, S. 139-198.

Albert, Hans/Arnold, Darrel/Maier-Rigaud, Frank, Model Platonism: Neoclassical economic thought in critical light, JOIE 2012, S. 295-323.

Allingham, Michael G., Towards an Ability Tax, JPE 1975, S. 361-376.

Altenburger, Otto, Gibt es eine Produktionstheorie (auch) für Dienstleistungen?, in: Nachhaltiges Entscheiden, Festschrift zum 65. Geburtstag von **Harald Dyckhoff**, hrsg. v. **Ahn, Heinz/Clermont, Marcel/Souren, Rainer**, Wiesbaden 2016, S. 221-231.

Ambrus, Valen, Max Webers Wertfreiheitspostulat und die naturalistische Begründung von Normen, JGPS 2001, S. 209-236.

Amonn, Alfred, Objekt und Grundbegriffe der theoretischen Nationalökonomie, 2. Aufl., Wien/Deuticke 1927.

Amonn, Alfred, Zu den methodischen Grundproblemen - Ein falscher Weg zu ihrer Lösung, ZfN 1935, S. 616-631.

Amonn, Alfred, Begriffsbildung und Begriffsbestimmung in der Nationalökonomie, JfNuS 1953, S. 1-20.

Baldauf, Sina, Gesetz zur Modernisierung des Besteuerungsverfahrens - Kritische Betrachtung des Regierungsentwurfes, DStR 2016, S. 833-839.

Bareis, Peter, Transparenz bei der Einkommensteuer - Zur Systemgerechten Behandlung sogenannter „notwendigen Privatausgaben", StuW 1991, S. 38-51.

Bareis, Peter, Markteinkommensbesteuerung und Existenzminima - roma locuta, causa finita?, in: Unternehmenstheorie und Besteuerung, Festschrift zum 60. Geburtstag von **Dieter Schneider**, hrsg. v. **Elschen, Rainer/Siegel, Theodor/Wagner, Franz W.**, Wiesbaden 1995, S. 39-76.

Bareis, Peter, Leistungsfähigkeit, Existenzminimum, Progression und Staatshaushalt - Diskussion des Beitrags von Michael Wosnitza und Corinna Treisch, DBW 1999, S. 555-556.

Bareis, Peter, Zur Kritik am „Karlsruher EStG-Entwurf", StuW 2002, S. 135-147.

Bareis, Peter, Systematische Aspekte und praktische Probleme des ab 2001 geltenden Einkommensteuerrechts, in: Integriertes Steuer- und Sozialsystem, hrsg. v. **Rose, Manfred**, Heidelberg 2003, S. 271-286.

Bareis, Peter, Konfusion statt Konzeption - die gegenwärtige Steuerpolitik, in: Steuerpolitik - Von der Theorie zur Praxis, Festschrift für **Manfred Rose**, hrsg. v. **Ahlheim, Michael/Wenzel, Heinz-Dieter/Wiegard, Wolfgang**, Heidelberg 2003, S. 441-463.

Bareis, Peter, Mängel des deutschen Steuerrechts und aktuelle Reformpläne, in: Aktuelle Entwicklungsaspekte der Unternehmensbesteuerung, Festschrift für **Wilhelm H. Wacker** zum 75. Geburtstag, hrsg. v. **Hebig, Michael/Kaiser, Karin/Koschmeier, Kurt-Dieter/Oblau, Markus**, Berlin 2006, S. 27-48.

Bareis, Peter, Das Postulat der Werturteilsfreiheit in der Diskussion um die Steuerreform 2008, BFuP 2007, S. 421-442.

Bareis, Peter, Erwiderung zur Replik Ute Schmiels, BFuP 2008, S. 182-183.

Bareis, Peter, Zur Problematik steuerjuristischer Vorgaben für die Einkommensteuer - Tarifstruktur und Familiensplitting als Musterbeispiele, DStR 2010, S. 565-574.

Bartl, Harald, Art. „Rechtliche Aspekte von „Dienstleistungen"", in: Handbuch Dienstleistungsmanagement, hrsg. v. **Bruhn, Manfred/Meffert, Heribert**, Wiesbaden 1998, S. 343-374.

Bauckner, Arthur, Der privatwirtschaftliche Einkommensbegriff, München 1921.

Bayer, Hermann-Wilfried, Die Erwerbstätigkeit - der Steuergegenstand des Einkommensteuerrechts, BB 1988a, S. 1-4.

Bayer, Hermann-Wilfried, Die Erwerbstätigkeit - der Steuergegenstand des Einkommensteuerrechts, BB 1988b, S. 213-218.

Bayer, Hermann-Wilfried, 100 Jahre modernes preußisch-deutsches Einkommensteuerrecht: 24.6.1981 - 24.6.1991, FR 1991, S. 333-341.

Bea, Franz X./Fischer, Klaus, Steuerpolitische Grundsatzfragen - Kritische Bemerkungen zu einem Aufsatz von Jürgen Pahlke, FinArch 1970, S. 17-29.

Beck, Benjamin, Bitcoins als Geld im Rechtssinne, NJW 2015, S. 580-586.

Beiser, Reinhold, Die Abzinsung von Verbindlichkeiten und Rückstellungen im Licht des Leistungsfähigkeitsprinzips, DB 2001, S. 296-298.

Biergans, Enno/Stockinger, Roland, Zum Einkommensbegriff und zur persönlichen Zurechnung von Einkünften im Einkommensteuerrecht (I), FR 1982, S. 1-7.

Birk, Dieter, Gleichheit und Gesetzmäßigkeit der Besteuerung - Zum Stellenwert zweier Grundprinzipien in der Steuerreform 1990, StuW 1989, S. 212-218.

Birk, Dieter, Das Leistungsfähigkeitsprinzip in der Unternehmenssteuerreform, StuW 2000, S. 328-336.

Birk, Dieter, Das Gebot des gleichmäßigen Steuervollzugs und dessen Sanktionierung, StuW 2004, S. 277-282.

Bittker, Boris I., A "Comprehensive Tax Base" as a Goal of Income Tax Reform, YLR 1967, S. 925-985.

Bittker, Boris I., Comprehensive Income Taxation: A Response, HLR 1968, S. 1032-1043.

Blaufus, Kay/Hundsdoerfer, Jochen/Kiesewetter, Dirk/König, Rolf J./Kruschwitz, Lutz/ Andreas, Löffler/Maiterth, Ralf/Müller Heiko/Niemann, Rainer/Schanz, Deborah/Sureth, Caren /Treisch, Corinna, Versinkt die Kapitalmarkttheorie in logischen Widersprüchen, oder: Ist arqus e.V. aus dem Schneider?, zfbf 2009, S. 463-466.

Blumers, Wolfang/Elicker, Michael, Realisierungszeitpunkt und Bewertung beim Anteilstausch im Rahmen der Einkünfte aus § 17 EStG, BB 2009, S. 1156-1161.

Blümich, Walter, EStG, KStG, GewStG, Kommentar, Loseblatt, München 1935/2016 (Stand 133. Ergänzungslieferung Juli 2016).

Boer Jun, Alexius, Die Natural- und Realwirtschaft im Lichte der Geldtheorie, WWA 1936, S. 561-588.

Bontrup, Heinz J., Volkswirtschaftslehre, München 2004.

Bordewin, Arno/Brandt, Jürgen, Einkommensteuergesetz, Kommentar, Loseblatt, Heidelberg 1975/2015 (Stand 378. Aktualisierung September 2015).

Borkowsky, Rudolf, Die Systematik der steuerlichen Berichtigungen der Abschlussrechnungen: Die Aufteilung des Totalerfolges, DU 1976, S. 1-20.

Borschberg, Edwin, Die Zeit als Ware, DU 1983, S. 290-296.

Brandis, Peter, Einkommen als Rechtsbegriff, StuW 1987, S. 289-301.

Braun, Eckhart/Geist, Andreas, Forderungsverzichte im „Bermudadreieck“ von Sanierungsgewinn, Verlustverrechnung und Mindestbesteuerung, BB 2013, S. 351-355.

Breinersdorfer, Stefan, Abzugsverbote und objektives Nettoprinzip - Neue Tendenzen in der verfassungsgerichtlichen Kontrolle des Gesetzgebers, DStR 2010, S. 2492-2497.

Bruns, Rudolf, Das Synallagma des Dienstvertrages, AcP 1978, S. 34-44.

Buck, Ludwig, Die Novelle zum preussischen Einkommensteuergesetz vom 19. Juni 1906 im Lichte der Rechtsprechung, FinArch 1909, S. 351-366.

Buck, Ludwig, Die weitere Entwicklung der Einkommen- und Vermögensbesteuerung in Preussen, FinArch 1911, S. 45-140.

Bultmann, Rudolf, Allgemeine Wahrheiten und christliche Verkündigung: Friedrich Gogarten zum 70. Geburtstag, ZThK 1957, S. 244-254.

Coase, Ronald Harry, The Nature of the Firm, Economica 1937, S. 386-405.

Cohn, Gustav, Grundlegung der Nationalökonomie. Ein Lesebuch für Studirende - Band 1: System der Nationalökonomie, Stuttgart 1885.

Costede, Jürgen, Gewinn und Gewinnrealisierung im Einkommensteuerrecht, StuW 1996, S. 19-25.

Csikos-Nagy, Bela, Beitrag zur Theorie des Wirtschaftens, JfNuS 1939, S. 400-418.

Däumler, Klaus-Dieter, Grundlagen der Investitionsrechnung, BuW 2002, S. 881-889.

Demme, Ute H., Abgrenzungsfragen zwischen § 15 EStG und § 19 EStG und deren Behandlung in der aktuellen Rechtsprechung, BB 2008, S. 1540-1545.

Desens, Mark, Einkommensbegriffe und Einkunftsarten - Wie kann eine Reform gelingen?, in: Erneuerung des Steuerrechts, DStJG 37, hrsg. v. **Jachmann, Monika**, Köln 2014, S. 95-135.

Dietzel, Heinrich, Der Ausgangspunkt der Socialwirthschaftslehre und ihr Grundbegriff, ZfgS 1883, S. 1-80.

Diller, Markus/Grottke, Markus, Grenzen und Erweiterungsmöglichkeiten der investitionsneutralen Besteuerung nach dem ökonomischen Gewinn, ZfB 2010, S. 123-146.

Diller, Markus/Grottke, Markus/Lorenz, Johannes, Investitionsneutrale Besteuerung des ökonomischen Gewinns - Ein Abriss jüngerer Forschungsbeiträge, WiSt 2015, S. 606-612.

Döllerer, Georg, Maßgeblichkeit in Gefahr, BB 1971, S. 1333-1335.

Döllerer, Georg, Die Rechtsprechung des Bundesfinanzhofs zum Steuerrecht der Unternehmen, ZGR 1976, S. 349-372.

Dötsch, Jörg, Der Primat des Abstrakten. Überlegungen zu Prozessen der Selbstreferenz auf Märkten, ORDO 2013, S. 54-77.

Drüen, Klaus-Dieter, Über Theorien im Steuerrecht, in: Gestaltung der Steuerrechtsordnung, Festschrift für **Joachim Lang** zum 70. Geburtstag, hrsg. v. **Tipke, Klaus/Seer, Roman/Hey, Johanna/Englisch, Joachim**, Köln 2010, S. 57-82.

Drüen, Klaus-Dieter, Zur Einführung: Historische Perspektive(n) der Besteuerung von Einkommen, StuW 2014, S. 16-18.

Drüen, Klaus-Dieter, Prinzipien und konzeptionelle Leitlinien einer Einkommensteuerreform, in: Erneuerung des Steuerrechts, DStJG 37, hrsg. v. **Jachmann, Monika**, Köln 2014, S. 9-61.

Elicker, Michael, Darf der Steuerzugriff ein Unternehmen zahlungsunfähig machen?, StuW 2002, S. 217-234.

Elicker, Michael, Entwurf einer proportionalen Netto-Einkommensteuer - Textentwurf und Begründung, Köln 2004.

Elicker, Michael, Fortentwicklung der Theorie vom Einkommen - Rudolf Wendt zum 60. Geburtstag, DStZ 2005, S. 564-567.

Elicker, Michael/Neumann, Sascha W., Staatliche Teilhabe an Scheinrenditen?, FR 2003, S. 221-229.

Elschen, Rainer, Entscheidungsneutralität, Allokationseffizienz und Besteuerung nach der Leistungsfähigkeit - Gibt es ein gemeinsames Fundamt der Steuerwissenschaften?, StuW 1991, S. 99-115.

Elschen, Rainer/Hüchtebrock, Michael, Steuerneutralität in Finanzwissenschaft und Betriebswirtschaftslehre - Diskrepanzen und Konsequenzen, FinArch 1983, S. 253-280.

Engelhardt, Werner H., Art. „Markt", in: EdBWL - Handwörterbuch des Marketing, hrsg. v. **Tietz, Bruno/Köhler, Richard/Zentes, Joachim**, Stuttgart 1995, S. 1696-1708.

Engelhardt, Werner/Kleinaltenkamp, Michael/Reckenfelderbäumer, Martin, Leistungsbündel als Absatzobjekte - Ein Ansatz zur Überwindung der Dichotomie von Sach- und Dienstleistungen, zfbf 1993, S. 395-426.

Eucken, Walter, Die Grundlagen der Nationalökonomie, 9. Aufl., Berlin/Heidelberg/New York 1989.

Fischer, Peter, Zu den rechtlichen Typen des Grundstückshändlers und des Bauunternehmers, FR 1995, S. 903-812.

Folkers, Cay, Ehegattensplitting und Leistungsfähigkeitsprinzip, PWP 2003, S. 413-424.

Folkers, Cay, Leistungsfähigkeitsprinzip, Einkommensteuer und Ehegattensplitting: Erwiderung auf Theodor Siegel, PWP 2006, S. 143-145.

Folkers, Cay, Ehegattensplitting und Leistungsfähigkeitsprinzip I, in: Ehegattensplitting und Familienpolitik, hrsg. v. **Barbara Seel**, Wiesbaden 2007, S. 115-154.

Forchhammer, Joseph, Der entgeltliche und unentgeltliche Erwerber eines Waldes im Einkommensteuerrecht, DStR 2015, S. 977-983.

Franz, Christoph, Einkommensbegriffe im Steuer- und Sozialrecht, StuW 1988, S. 17-35.

Freimann, Jürgen, Geldökonomie und Realökonomie - Bemerkungen zum Gegenstand der Wirtschaftswissenschaften, in: Betriebswirtschaftslehre und Nationalökonomie, hrsg. v. **Schanz, Günther**, Wiesbaden 1984, S. 39-72.

Frey, Bruno/Stutzer, Alois, Ökonomische Analyse des Glücks: Inspirationen und Herausforderungen, DU 2009, S. 263-282.

Fuisting, Bernhard, Die preußischen direkten Steuern - Vierter Band: Grundzüge der Steuerlehre, Berlin 1902.

Gawl, Erik, Umweltlenkung und Besteuerung nach der Leistungsfähigkeit - Eine finanzwissenschaftliche Kritik steuer- und finanzwissenschaftlicher Probleme von Umweltsteuern, Schmjb 2000, S. 93-142.

Genser, Bernd, Ist eine duale Einkommensteuer einfacher und gerechter als eine umfassende Einkommensteuer?, in: Integriertes Steuer- und Sozialsystem, hrsg. v. **Rose, Manfred**, Heidelberg 2003, S. 176-190.

Genser, Bernd/Reutter, Andreas, Fiscal Policy in Action - Moving Towards Dual Income Taxation in Europe, FinArch 2007, S. 436-456.

Geserich, Stephan, Die steuerliche Behandlung von Aktienüberlassungen und Aktienoptionen, DStR-Beih. 2014, S. 53-61.

Glück, Michael, Wo fehlt es Dir, Deutschland?, BB 1993, S. 1816-1818.

Gottwald, Peter, „Windfall-profits" - Phantom oder Herausforderung an das Ertragsteuerrecht?, FR 1985, S. 459-463.

Goumas, Lambros, Zur volkswirtschaftlichen Orientierung der Begriffe Bedürfnis und Bedürfnisbefriedigung, JfNuS 1940, S. 539-559.

Gramlich, Ludwig/Treisch, Corinna, Korrespondenzprinzip, Unterhaltszahlungen und Einkommensbegriff, DB 1997, S. 2349-2354.

Gutenberg, Erich, Einführung in die Betriebswirtschaftslehre, Wiesbaden 1958.

Gutenberg, Erich, Grundlagen der Betriebswirtschaftslehre - Band 2: Der Absatz, 12. Aufl., Berlin/Heidelberg, 1984.

Guth, Franz, Die Lehre vom Einkommen in dessen Gesammtzweigen - Aus dem Standpunkte der Nationalöconomie nach einer selbstständigen theoretisch-praktischen Anschauung, Prag 1869.

Habermas, Jürgen, Moralität und Sittlichkeit: Treffen Hegels Einwände gegen Kant auch auf die Diskursethik zu?, RIdP 1988, S. 320-340.

Hackmann, Johannes, Konsequenzen einer einkommensteuerlichen Freistellung von Vermögenswertänderungen, FinArch 1985, S. 421-450.

Hackmann, Johannes, Analyseprobleme einer Erörterung der Einkommensqualität unrealisierter Wertsteigerungen, FinArch 1986, S. 241-257.

Haller, Heinz, Zur Diskussion über das Leistungsfähigkeitsprinzip, FinArch 1973, S. 461-494.

Haller, Heinz, Gedanken zur Vermögensbesteuerung, FinArch 1977, S. 222-248.

Haller, Heinz, Bemerkungen zu einigen Ergebnissen der Optimal Taxation und Excess Burden-Analysen, FinArch 1988, S. 236-251.

Hartrott, Sebastian, Einkommen aus Kapital - Die 31. Jahrestagung der Deutschen Steuerjuristischen Gesellschaft in Osnabrück, DStZ 2006, S. 841-844.

Haskell, Mark A./Kauffman, Joel, Taxation of Imputed Income: The Bargain-Purchase Problem, NTJ 1964, S. 232-240.

Hax, Herbert, Theorie der Unternehmung - Information, Anreize und Vertragsgestaltung, in: Betriebswirtschaftslehre und Ökonomische Theorie, hrsg. v. **Ordelheide, Dieter/Rudolph, Bernd/Büsselmann, Elke**, Stuttgart 1991, S. 51-74.

Hayek, Friedrich August, The Pretence of Knowledge, AER 1989, S. 3-7.

Heinen, Edmund, Determinanten des Konsumentenverhaltens - Zur Problematik der Konsumentensouveränität, in: Zur Theorie des Absatzes, Festschrift zum 75. Geburtstag von **Erich Gutenberg**, hrsg. v. **Koch, Helmut**, Wiesbaden 1973, S. 81-130.

Held, Adolf, Über einige neuere Versuche zur Revision der Grundbegriffe der Nationalökonomie, JfNuS 1876, S. 145-191.

Hemmerich, Kristina/Kiesewetter, Dirk, Entscheidungsneutrale, gleichmäßige und rechtssichere Einkommensbesteuerung unter Unsicherheit, zfbf 2014, S. 98-119.

Hermann, Friedrich Benedikt Wilhelm, Staatswirthschaftliche Untersuchungen - über Vermögen, Wirthschaft, Productivität der Arbeiten, Kapital, Preis, Gewinn, Einkommen und Verbrauch, München 1832.

Herrmann, Carl/Heuer, Gerhard/Raupach, Arndt, Einkommensteuer- und Körperschaftsteuergesetz, Kommentar, Loseblatt, Köln 1950/2016 (Stand 276. Ergänzungslieferung September 2016).

Herzig, Norbert, Derivatebilanzierung und GoB-System, in: Jahresabschluß und Jahresabschlußprüfung - Probleme, Perspektiven, internationale Einflüsse, Festschrift zum 60. Geburtstag von **Jörg Baetge**, hrsg. v. **Fischer, Thomas R./Hömberg, Reinhold**, Düsseldorf 1997, S. 37-64.

Herzig, Norbert/Watrin, Christoph, Betriebswirtschaftliche Anforderungen an eine Unternehmenssteuerreform, StuW 2000, S. 378-388.

Hesse, Albert, Wissenschaft und Wirklichkeit - Betrachtungen zur Methode einer realistischen Nationalökonomie, WWA 1928, S. 49-76.

Heße, Manfred/Niederhofer, Stefan, Bestimmung des Realisationszeitpunktes bei Gewinnen aus Kauf- und Werkverträgen, BuW 2004, S. 196-200.

Hey, Johanna, Verfassungsrechtliche Maßstäbe der Unternehmensbesteuerung, in: Unternehmensbesteuerung, Festschrift für **Norbert Herzig** zum 65. Geburtstag, hrsg. v. **Kessler, Wolfang/Förster, Guido/Watrin, Christoph**, München 2010, S. 7-22.

Hoßfeld, Heiko/Schmiel, Ute, Corporate Social Responsibility in der Marktwirtschaft - ein erfahrungswissenschaftlich begründetes Konzept, zfwu 2015, S. 313-338.

Huber, Christian, Markteinkommenstheorie und Mitunternehmerschaften, in: Steuerrecht - Verfassungsrecht - Europarecht, Festschrift für **Hans Georg Ruppe**, hrsg. v. **Achatz, Markus/Ehkre-Rabel, Tina/Heinrich, Johannes/Leitner, Roman/Taucher, Otto**, Wien 2007, S. 227-246.

Hundsdoerfer, Jochen, Die einkommensteuerliche Abgrenzung von Einkommenserzielung und Konsum, Wiesbaden 2002.

Hundsdoerfer, Jochen/Kiesewetter, Dirk/Sureth, Caren, Forschungsergebnisse in der Betriebswirtschaftlichen Steuerlehre - eine Bestandsaufnahme, ZfB 2008, S. 61-139.

Ismer, Roland, Wirtschaftstheorie statt wirtschaftlicher Betrachtungsweise - Zur Rolle der Ökonomik im Steuerrecht, in: Beitrage zur ökonomischen Theorie im Öffentlichen Recht, hrsg. v. **van Aaken/Schmid-Lübbert**, Wiesbaden 2003, S. 69-88.

Ismer, Roland, Die einkommensteuerliche Privatsphäre nach „Big Brother“ - dogmatische Grundfragen nach sonstigen Leistungen, FR 2012, S. 1057-1064.

Jäger, Heinrich, Verbrauch und Sparen als individualökonomische Kategorien, FinArch 1940, S. 20-74.

Jahn, Ralf, Steuerliche Abgrenzung gewerblicher Tätigkeit von freiberuflicher und sonstiger Tätigkeit - Ein aktueller Rechtsprechungsüberblick, DB 2015, S. 641-648.

Kahle, Holger/Günter, Simone, Fortentwicklung des Handels- und Steuerbilanzrechts nach dem BilMoG, StuW 2012, S. 43-55.

Kaiser, Thomas, Nochmals: Die Abzugsfähigkeit des Drittaufwands bei den Erwerbsaufwendungen, FR 1993, S. 557-563.

Kambe, Maso, Betrachtungen über das Prinzip der Steuer, FinArch 1908, S. 1-9.

Kamitz, Reinhard, Erkenntniswert und Grenzen der rationalen Theorie, ZfgS 1943, S. 314-334.

Kamp, Matthias Ernst, Finanzwirtschaftliches Zwangssparen, FinArch 1945, S. 42-79.

Karrenbrock, Holger, Wider die Aushöhlung des Leistungsfähigkeitsprinzips durch die Mindestbesteuerung, DB 2004, S. 559-564.

Kempermann, Michael, Gewerblicher Grundstückshandel: Nachhaltigkeit in „Ein-Objekt-Fällen" - Zugleich Besprechung des BFH-Urteils vom 1.12.2005, DStR 2006, S. 265-269.

Kirchhof, Paul, Steuergerechtigkeit und sozialstaatliche Geldleistungen, JZ 1982, S. 305-312.

Kirchhof, Paul, Steuergleichheit, StuW 1984, S. 297-314.

Kirchhof, Paul, Widerspruchsfreiheit im Steuerrecht als Verfassungspflicht, StuW 2000, S. 316-327.

Kirchhof, Paul, Die Besteuerung des Einkommens in einem einfachen, maßvollen und gleichmäßigen Belastungssystem, BB 2006, S. 71-75.

Kirchhof, Paul, Subjektive Merkmale für die Erzielung von Einkünften, DStR-Beih. 2007, S. 11-15.

Kirchhof, Paul, Leistungsfähigkeit und Erwerbseinkommen - Zur Rechtfertigung und gerechtfertigten Anwendung des Einkommensteuergesetzes, in: Gestaltung der Steuerrechtsordnung, Festschrift für **Joachim Lang** zum 70. Geburtstag, hrsg. v. **Tipke, Klaus/Seer, Roman/Hey, Johanna/Englisch, Joachim**, Köln 2010, S. 451-476.

Kirchhof, Paul, Das Bundessteuergesetzbuch in der Diskussion, Baden-Baden 2013.

Kirchhof, Paul, Einkommensteuergesetz, Kommentar, 15. Aufl., Köln 2016.

Kirchhof, Paul/Söhn, Hartmut/Mellinghoff, Rudolf, Einkommensteuergesetz, Kommentar, Loseblatt, Heidelberg 1986/2015 (Stand 261. Ergänzungslieferung September 2015).

Kleinaltenkamp, Michael, Art. „Begriffsabgrenzungen und Erscheinungsformen von Dienstleistungen", in: Handbuch Dienstleistungsmanagement, hrsg. v. **Bruhn, Manfred/Meffert, Heribert**, Wiesbaden 1998, S. 29-52.

Korn, Klaus/Carle, Dieter/Stahl, Rudolf/Strahl, Martin, Einkommensteuergesetz, Kommentar, Loseblatt, Köln 1926/2016 (Stand 98. Aktualisierung November 2016).

Kroschel, Jörg/Wellisch, Dietmar, Auswirkung des neuen § 50c Abs. 11 EStG auf die erbschaftsteuerlich motivierte Steuerverstrickung von unwesentlichen Anteilen an Kapitalgesellschaften, BB 1998, S. 667-674.

Krüger, Roland, Führen Werbungskosten zu Überschußerzielungsvermögen?, FR 1995, S. 633-640.

Krumm, Marcel, Zur Einkommensteuerbarkeit von Forschungspreisgeldern, FR 2015, S. 639-645.

Kruse, Heinrich Wilhelm, Über Liebhaberei, in: Steuer- und Gesellschaftsrecht zwischen Unternehmerfreiheit und Gemeinwohl, Festschrift für **Arndt Raupach** zum 70. Geburtstag, hrsg. v. **Kirchhof, Paul/Schmidt, Karsten/Schön, Wolfgang/Vogel, Klaus**, Köln 2006, S. 143-152.

Kußmaul, Heinz/Kloster, Florian, Sharing Economy: Versteuerung der privaten Wohnraum(unter)vermietung im Zwielicht, DStR 2016, S. 1280-1286.

Kußmaul, Heinz/Leiderer, Bernd, Investition und Investitionsrechnung - Entscheidungsrelevante Grundlagen, BBK 1997, Fach 29, S. 857-865.

Küting, Karlheinz, Die Bedeutung des Anschaffungskostenprinzips und die Folgen seiner Durchbrechung - eine vergleichende Würdigung des HGB und der IFRS, DB 2013, S. 1185-1191.

Lang, Joachim, Liebhaberei im Einkommensteuerrecht, StuW 1981, S. 245-234.

Lang, Joachim, Die Bemessungsgrundlage der Einkommensteuer - Rechtssystematische Grundlagen steuerlicher Leistungsfähigkeit im deutschen Einkommensteuerrecht, Köln 1988.

Lang, Joachim, Einkommensteuer - quo vadis?, FR 1993, S. 661-670.

Lang, Joachim, Unternehmenssteuerreform, in: Unternehmenstheorie und Besteuerung, Festschrift zum 60. Geburtstag von **Dieter Schneider**, hrsg. v. **Elschen, Rainer/Siegel, Theodor/Wagner, Franz W.**, Wiesbaden 1995, S. 399-418.

Lang, Joachim, Konsumorientierung - eine Herausforderung für die Steuergesetzgebung?, in: Einkommen versus Konsum - Ansatzpunkte zur Steuerreformdiskussion, hrsg. v. **Smekal, Christian/Sendlhofer, Rupert/Winner, Hannes**, Berlin Heidelberg 1999, S. 143-166.

Lang, Joachim, Prinzipien und Systeme der Besteuerung von Einkommen, in: Besteuerung von Einkommen, DStJG 24, hrsg. v. **Ebling, Iris**, Köln 2001, S. 49-154.

Lang, Joachim, Einfachheit und Gerechtigkeit der Besteuerung von investierten Einkommen, in: Integriertes Steuer- und Sozialsystem, hrsg. v. **Rose, Manfred**, Heidelberg 2003, S. 83-146.

Lang, Joachim, Konsumorientierte Besteuerung von Einkommen aus rechtlicher Sicht, in: Steuerpolitik - Von der Theorie zur Praxis, Festschrift für **Manfred Rose**, hrsg. v. **Alheim, Michael/Wenzel, Heinz-Dieter/Wiegard, Wolfgang**, Berlin Heidelberg 2003, S. 325-344.

Lang, Joachim/Hey, Johanna/Pelka, Jürgen/Seer, Roman/Herzig, Norbert/Horlemann, Heinz-Gerd/Pezzer, Heinz-Jürgen/Tipke, Klaus, Kölner Entwurf eines Einkommensteuergesetzes, Köln 2005.

Lehmann, Matthias, Art. „Beiträge“, in: Handbuch der kommunalen Wissenschaft und Praxis, hrsg. v. **Püttner, Günter**, Band 6, Berlin Heidelberg 1985, S. 260-278.

Lehmann, Matthias, Absatzwirtschaft - eine marktorientierte Einführung für Ökonomen und Juristen, 2. Aufl., Berlin Heidelberg 2003a.

Lehmann, Matthias, Finanzwirtschaft - eine marktorientierte Einführung für Ökonomen und Juristen, Berlin Heidelberg 2003b.

Lehmann, Matthias/Moog, Horst, Betriebswirtschaftliches Rechnungswesen - Band 1: Real-, wert- und rechenökonomische Grundlagen, Berlin Heidelberg 1996.

Lehmann, Max Rudolf, Allgemeine Betriebswirtschaftslehre - Allgemeine Theorie der Betriebswirtschaft, Wiesbaden 1956.

Leisner-Egensperger, Anna, Umbau des Einkommensteuerrechts - Neuorientierung bei den gemischten Erwerbsaufwendungen, BB 2007, S. 639-645.

Lenel, Hans Otto, Walter Euckens „Grundlagen der Nationalökonomie“, ORDO 1989, S. 3-20.

Liefmann-Keil, Elisabeth, Geldwirtschaft und Wirtschaftssystem: III. Teil: Die güterwirtschaftlichen Auswirkungen der Geldwirtschaft, JfNuS 1942, S. 571-602.

Lion, Max, Der Einkommensbegriff nach dem Bilanzsteuerrecht und die Schanzsche Einkommenstheorie, Beiträge zur Finanzwissenschaft - Band II, Festgabe für **Georg von Schanz** zum 75. Geburtstag, hrsg. v. **Teschemacher, Hans**, Tübingen 1928, S. 273-300.

Littmann, Konrad, Kritische Marginalien zur Kontroverse „Individuelle Veranlagung oder Haushaltsbesteuerung“, FinArch 1968, S. 174-186.

Maleri, Rudolf, Art. „Grundlagen der Dienstleistungsproduktion“, in: Handbuch Dienstleistungsmanagement, hrsg. v. **Bruhn, Manfred/Meffert, Heribert**, Wiesbaden 1998, S. 117-140.

Marsh, Donald B., The Taxation of Imputed Income, PSQ 1943, S. 514-536.

Marx, Franz Jürgen, Objektivierungserfordernisse bei der Bilanzierung immaterieller Anlagewerte, BB 1994, S. 2379-2388.

Marx, Franz Jürgen, Der Verlustabzug im Erbfall und die "Rechtsprechung der ruhigen Hand", DB 2001, S. 2364-2369.

Marx, Franz Jürgen, Der Verlustabzug im Erbfall als vermögenswerte Rechtsposition - eine ökonomische Analyse, FR 2005, S. 617-627.

Marx, Franz Jürgen, Zur Überflüssigkeit einer nach § 5 Abs. 5 Satz 2 EStG erweiterten Rechnungsabgrenzung, in: Steuerliche Gewinnermittlung nach dem Bilanzrechtsmodernisierungsgesetz, hrsg. v. **Schmiel, Ute/Breithecker, Volker**, Berlin 2008, S. 201-224.

Marx, Franz Jürgen, Besteuerung von Scheinrenditen bei betrügerischen Kapitalanlagen, FR 2009, S. 515-522.

Marx, Franz Jürgen, Teilhaberthese als Leitbild zur Neukonzeption der steuerrechtlichen Gewinnermittlung nach Inkrafttreten des BilMoG, BB 2011, S. 1003-1006.

Marx, Franz Jürgen, Aktuelle Entwicklungen in der steuerrechtlichen Gewinnermittlung - Auswirkungen jüngster BFH-Entscheidungen, StuB 2012, S. 291-296.

Marx, Franz Jürgen, Das Markteinkommenskonzept zur Qualifikation in Grenzbereichen der Einkommensteuer: Zur Steuerbarkeit von Preisgeldern, Projektprämien und Auszeichnungen, DStZ 2014, S. 282-288.

Marx, Franz Jürgen, Bedeutung der Grundsätze ordnungsmäßiger Buchführung im geltenden Steuerbilanzrecht, FR 2016, S. 389-395.

Marx, Franz Jürgen, Grundsätze der Gewinnrealisierung im Handels- und Steuerbilanzrecht - Entwicklungen bei verschiedenen Transaktionsformen, StuB 2016, S. 327-333.

Marx, Franz Jürgen, Der Einsatz von Risikomanagementsystemen nach § 88 Abs. 5 AO als Kernelement der Modernisierung des Besteuerungsverfahrens, Ubg 2016, S. 358-363.

Meisel, Franz, Wahrheit und Fiskalismus bei der Veranlagung der modernen Einkommensteuer, FinArch 1914, S. 144-168.

Meißner, Werner, Ökonomie der Freizeit, JfNuS 1971, S. 385-402.

Mellinghoff, Rudolf, Anforderungen an ein zukunftsfähiges Steuerrecht, Stbg 2007, S. 549-559.

Meyer, Wilhelm, Philosophische Ideen und ökonomische Erkenntnisprogramme - Anmerkungen zu dem Essay von Steffen Groß, ORDO 2010, S. 96-113.

Mirrlees, James A., An Exploration in the Theory of Optimum Income Taxation, TRES 1971, S. 175-208.

Mises, Ludwig, Nationalökonomie - Theorie des Handelns und Wirtschaftens, Genf 1940.

Möller, Hans, Die Rationalität der wirtschaftlichen Handlungen, JfNuS 1942, S. 241-257.

Mösbauer, Heinz, Die tatsächliche Verständigung - ein vages Beweismittel-Surrogat im Besteuerungsverfahren, BB 2003, S. 1037-1041.

Moxter, Adolf, Betriebswirtschaftliche Gewinnermittlung, Tübingen 1982.

Moxter, Adolf, Das Realisationsprinzip - 1884 und heute, BB 1984, S. 1780-1786.

Moxter, Adolf, Zur wirtschaftlichen Betrachtungsweise im Bilanzrecht, StuW 1989, S. 232-241.

Müller, Heiko/Maiterth, Ralf, Die Änderungen im Bereich der Anteilsbesteuerung durch das Gesetz zur Fortsetzung der Unternehmenssteuerreform und das Steuerentlastungsgesetz 1999/2000/2002 aus steuersystematischer Sicht, BB 1999, S. 2639-2653.

Musgrave, Richard A., In Defense of an Income Concept, HLR 1967, S. 44-62.

Musil, Andreas/Leibohm, Thomas, Die Forderung nach Entscheidungsneutralität der Besteuerung als Rechtsproblem, FR 2008, S. 807-814.

Neuling, Willy, Gustav Schmoller und die heutige deutsche Volkswirtschaftslehre, FinArch 1939, S. 367-377.

Neumann, Friedrich Julius, Grundlagen der Volkswirtschaftslehre, Tübingen 1889.

Neumann, Manfred J.M., Standortbestimmung aus ökonomischer Sicht, in: Freiheit, Gleichheit, Effizienz - Ökonomische und verfassungsrechtliche Grundlagen der Steuergesetzgebung, hrsg. v. **Kirchhof, Paul/Neumann, Manfred J.M.**, Bad Homburg 2001, S. 23-33.

Neumark, Fritz, Theorie und Praxis der modernen Einkommensbesteuerung, Bern 1947.

Ordelheide, Dieter, Kaufmännischer Periodengewinn als ökonomischer Gewinn - Zur Unsicherheitsrepräsentation bei der Konzeption von Erfolgsgrößen, in: Unternehmenserfolg - Planung - Ermittlung - Kontrolle, Festschrift für **Walther Busse von Colbe** zum 60. Geburtstag, hrsg. v. **Domsch, Michel/Eisenführ, Franz/Ordelheide, Dieter/Perlitz, Manfred**, Wiesbaden 1988, S. 275-302.

Ordelheide, Dieter, Zu einer neoinstitutionalistischen Theorie der Rechnungslegung, in: Betriebswirtschaftslehre und Theorie der Verfügungsrechte, hrsg. v. **Budäus, Dietrich/Gerum, Elmar/Zimmermann, Gebhard**, Wiesbaden 1988, S. 296-298.

Ott, Michaela, Steuerwirkungen auf die Finanzierung von Kapitalgesellschaften, DBW 2013, S. 401-424.

Paetsch, Ralf, Zulässigkeit und Grenzen der Durchbrechung des objektiven Nettoprinzips im Einkommen- und Körperschaftsteuerrecht - Tagungsbericht zum 2. Steuerwissenschaftlichen Symposium im Bundesfinanzhof, DStR-Beih. 2009, S. 78-87.

Pahlke, Armin, Typusbegriff und Typisierung, DStR-Beih. 2011, S. 66-71.

Patzig, Günter, Platons Ideenlehre, kritisch betrachtet, A&A 1970, S. 113-126.

Paulsen, Andreas, Sachkapital und Human Capital in der wirtschaftlichen Entwicklung, ZfgS 1964, S. 577-601.

Petrazycki, Leo, Die Lehre vom Einkommen. Vom Standpunkt des gemeinen Civilrechts unter Berücksichtigung des Entwurfs eines bürgerlichen Gesetzbuchs für das Deutsche Reich - Band 1: Grundbegriffe, Berlin 1893.

Pezzer, Heinz-Jürgen, Vermietung und Verpachtung - eine strukturell defizitäre Einkunftsart, in: Gedächtnisschrift für **Christoph Trzaskalik**, hrsg. v. **Tipke, Klaus/Söhn, Hartmut**, Köln 2005, S. 239-253.

Pezzer, Heinz-Jürgen, Arten der Einkünfteermittlung - Bestandsaufnahme und Kritik - Überschussermittlung, in: Einkünfteermittlung, DStJG 34, hrsg. v. **Hey, Johanna**, Köln 2011, S. 207-221.

Picot, Arnold, Ökonomische Theorien der Organisation - Ein Überblick über neuere Ansätz und deren betriebswirtschaftliches Anwendungspotenzial, in: Betriebswirtschaftslehre und Ökonomische Theorie, hrsg. v. **Ordelheide, Dieter/Rudolph, Bernd/Büsselmann, Elke**, Stuttgart 1991, S. 143-172.

Picot, Arnold/Maier, Matthias, Information als Wettbewerbsfaktor, in: Schriften zur Unternehmensführung, hrsg. v. **Preßmar, Dieter**, Wiesbaden 1993, S. 31-54.

Pohmer, Dieter, Einige Bemerkungen zu Inhalt und Bedeutung des Leistungsfähigkeitsprinzips, FinArch 1988, S. 135-153.

Pollak, Helga, Die Besteuerung des Einkommens aus ökonomischer Sicht, in: Freiheit, Gleichheit, Effizienz - Ökonomische und verfassungsrechtliche Grundlagen der Steuergesetzgebung, hrsg. v. **Kirchhof, Paul/Neumann, Manfred J. M.**, Bad Homburg 2001, S. 49-58.

Priester, Hans-Joachim, Passive Rechnungsabgrenzung - Kriterien der Ansatzpflicht, DB 2016, S. 1025-1028.

Prion, Willi, Die Lehre vom Wirtschaftsbetrieb (Allgemeine Betriebswirtschaftslehre) - Erstes Buch: Der Wirtschaftsbetrieb im Rahmen der Gesamtwirtschaft, Berlin 1935.

Puhl, Thomas, Besteuerungsverfahren und Verfassung, DStR 1991, S. 1141-1145.

Ratschow, Eckart, Prinzipien der Einkünfteermittlung - Subjektsteuerprinzip, in: Einkünfteermittlung, DStJG 34, hrsg. v. **Hey, Johanna**, Köln 2011, S. 35-59.

Reutershan, Simon, Die Besteuerung der Veräußerungsgewinne von Anteilen an Kapitalgesellschaften im Privatvermögen und ihre Rechtfertigung, StuB 2003, S. 1028-1034.

Richter, Andreas/Welling, Berthold, Diskussionsbericht zum 33. Berliner Steuergespräch "Familienbesteuerung", FR 2010, S. 127-130.

Richter, Rudolf, Probleme des Rationalprinzips, ZfgS 1954, S. 88-102.

Richter, Wolfram, Investitionsneutrale Besteuerung: Praktikabilität und Steuergerechtigkeit, BB 1990, S. 760-761.

Ritzrow, Manfred, Kriterien des Gewerbebetriebs, FiWi 2002, S. 324-330.

Roscher, Wilhelm, Grundlagen der Nationalökonomie - Ein Hand- und Lesebuch für Geschäftsmänner und Studierende, 22. Aufl., Stuttgart 1897.

Rose, Gerd, Absatz und Besteuerung, in: Zur Theorie des Absatzes, Festschrift zum 75. Geburtstag von **Erich Gutenberg**, hrsg. v. **Koch, Helmut**, Wiesbaden 1973, S. 381-414.

Rose, Manfred, Plädoyer für ein konsumbasiertes Steuersystem, in: Konsumorientierte Neuordnung des Steuersystems, hrsg. v. **Rose, Manfred**, Berlin Heidelberg 1991, S. 7-34.

Rose, Manfred, Reform der Besteuerung des Sparens und der Kapitaleinkommen - Zur Neuordnung der Zinsbesteuerung aus der Sicht einer konsum- und damit marktorientierten Neuordnung des Gesamtsteuersystems, BB 1992, Beilage 5 zu Heft 10, S. 1-15.

Rose, Manfred, Mehr Arbeitsplätze durch marktorientierte Einkommensteuern, BB 1998, Beilage 7 zu Heft 24, S. 1-7.

Rose, Manfred, Eine einfache, faire und marktorientierte Besteuerung von Unternehmensgewinnen, in: Integriertes Steuer- und Sozialsystem, hrsg. v. **Rose, Manfred**, Heidelberg 2003, S. 343-384.

Rosenbaum, Eckehard F., What is a Market? On the Methodology of a Contested Concept, RevSocEcon 2000, S. 455-485.

Ruppe, Hans Georg, Möglichkeiten und Grenzen der Übertragung von Einkunftsquellen als Problem der Zurechnung, in: Übertragung von Einkunftsquellen, DStJG 1, hrsg. v. **Tipke, Klaus**, Köln 1979, S. 7-40.

Schäfer, Wolf, Exit-Option, Staat und Steuern, ORDO 2005, S. 142-157.

Schanz, Georg, Der Einkommensbegriff und die Einkommensteuergesetze, FinArch 1896, S. 1-87.

Schanz, Georg, Zur Entwicklung des staatlichen Besoldungswesens in Bayern, FinArch 1917, S. 179-218.

Schanz, Günther, Ökonomische Theorie als sozialwissenschaftliches Paradigma?, SozW 1979, S. 257-274.

Schauenberg, Bernd, Unternehmerfunktionen, Marktprozesse und Spieltheorie, in: Unternehmenstheorie und Besteuerung, Festschrift zum 60. Geburtstag von **Dieter Schneider**, hrsg. v. **Elschen, Rainer/Siegel, Theodor/Wagner, Franz W.**, Wiesbaden 1995, S. 515-548.

Scheele, Erwin, Art. „Einkommensbesteuerung (I): Einkommensteuer“, in: Handbuch der Wirtschaftswissenschaft, hrsg. v. **Albers, Willi/Born, Karl Erich/Dürr, Ernst/Hesse, Helmut/Kraft, Alfons/Lampert, Heinz/Rose, Klaus/Rupp, Hans-Heinrich/Scherf, Harald/Schmidt, Kurt/Wittmann, Waldemar**, 2. Band, Stuttgart 1983, S. 257-285.

Scheffler, Wolfram, Das Maßgeblichkeitsprinzip nach dem Bilanzrechtsmodernisierungsgesetz - Bestandsaufnahme nach Auffassung der Finanzverwaltung und Alternativen zum Maßgeblichkeitsprinzip, ifst-Schrift Nr. 474, Berlin 2011.

Schmidt, Kurt, Das Leistungsfähigkeitsprinzip und die Theorie vom proportionalen Opfer, FinArch 1967, S. 385-404.

Schmidt, Kurt, Renaissance der Opfertheorien? Zur ökonomischen Sinngebung politischer Entscheidungen, FinArch 1971, S. 193-211.

Schmidt, Kurt, Einkommen versus Konsum. Ansatzpunkte zur Steuerreformdiskussion, FinArch 1999, S. 264-270.

Schmidt-Liebig, Axel, Der Gewerbebetrieb in der Einkommen- und Gewerbesteuer, BB 1984, S. 1-11.

Schmiel, Ute, Zur Bedeutung des Gesellschaftsrechts für die Unternehmensbesteuerung aus der Perspektive betriebswirtschaftlicher Rechtskritik, DBW 2002, S. 474-487.

Schmiel, Ute, Werturteilsfreiheit als Postulat für die Betriebswirtschaftliche Steuerlehre?, zfbf 2005, S. 525-545.

Schmiel, Ute, Rechtsformneutralität als Leitlinie für eine Neukonzeption der Unternehmensbesteuerung?, BFuP 2006, S. 246-261.

Schmiel, Ute, Erkenntnisfortschritt in der Betriebswirtschaftlichen Steuerlehre - Ein methodologisches Konzept zur Herleitung von Muster-Hypothesen, in: Fortschritt in den Wirtschaftswissenschaften, hrsg. v. **Zelewski, Stephan/Akca, Naciye**, Wiesbaden 2006, S. 147-170.

Schmiel, Ute, Zur Problematik einer theoretisch fundierten steuerlichen Gewinnermittlung, in: Ilmenauer Schriften zur Betriebswirtschaftslehre, hrsg. v. **Dintner, Rolf/Gelbrich, Katja/Müller, David/Schmiel, Ute/Souren, Rainer**, Ilmenau 2007, S. 1-23.

Schmiel, Ute, Werturteilsfreiheit - ein ungeeignetes Gebot für die Betriebswirtschaftliche Steuerlehre?, BFuP 2008, S. 177-181.

Schmiel, Ute, Lässt sich die Aufrechterhaltung des Maßgeblichkeitsprinzips durch das BilMoG ökonomisch begründen?, in: Steuerliche Gewinnermittlung nach dem Bilanzrechtsmodernisierungsgesetz, hrsg. v. **Schmiel, Ute/Breithecker, Volker**, Berlin 2008, S. 333-358.

Schmiel, Ute, Forschungsziele der Betriebswirtschaftlichen Steuerlehre in der Kritik, ZfB 2009, S. 1193-1214.

Schmiel, Ute, Benötigt die Betriebswirtschaftliche Steuerlehre empirische Forschung?, in: Methoden in der Betriebswirtschaftslehre, hrsg. v. **Scherer, Andreas Georg/Kaufmann, Ina Maria/Patzer, Moritz**, Wiesbaden 2009, S. 149-166.

Schmiel, Ute, Betriebswirtschaftliche Steuerlehre und Wirtschafts-/Unternehmensethik, DU 2010, S. 458-480.

Schmiel, Ute, Entspricht eine steuerliche Gewinnermittlung nach den Grundsätzen ordnungsmäßiger Bilanzierung dem Leistungsfähigkeitsprinzip?, ZSteu 2011, S. 119-125.

Schmiel, Ute, Entspricht eine steuerliche Gewinnermittlung nach den Grundsätzen ordnungsmäßiger Bilanzierung dem Leistungsfähigkeitsprinzip?, in: Essener Beiträge zur empirischen Wirtschaftsforschung, Festschrift für **Walter Assenmacher**, hrsg. v. **Schröder, Hendrik/Clausen, Volker/Behr, Andreas**, Wiesbaden 2012, S. 217-237.

Schmiel, Ute, Gleichmäßigkeit der Ertragsbesteuerung - ein ökonomisch fundiertes Besteuerungsziel?, ORDO 2013, S. 137-162.

Schmiel, Ute, Evolutionary Analysis of Tax Law: A Methodological Approach, ME 2016, S. 378-390.

Schmölders, Günther, Der fehlende Einkommensbegriff, StuW 1960, S. 75-84.

Schmoller, Gustav, Die Lehre vom Einkommen in ihrem Zusammenhang mit den Grundprincipien der Steuerlehre, ZfgS 1863, S. 1-86.

Schneeloch, Dieter, Zum Stand der Betriebswirtschaftlichen Steuerlehre - Eine kritische Bestandsaufnahme, BFuP 2011, S. 243-260.

Schneider, Dieter, Gewinnermittlung und steuerliche Gerechtigkeit, zfbf 1971, S. 352-394.

Schneider, Dieter, Aktienrechtlicher Gewinn und ausschüttungsfähiger Betrag, MIR 1972, S. 79-97.

Schneider, Dieter, „Staatsbürgersteuer" - Ein Schildbürgerstreich, StuW 1974, S. 369-377.

Schneider, Dieter, Realisationsprinzip und Einkommensbegriff, in: Bilanzfragen, Festschrift zum 65. Geburtstag von **Ulrich Leffson**, hrsg. v. **Baetge, Jörg/Moxter, Adolf/Schneider, Dieter**, Düsseldorf 1976, S. 103-117.

Schneider, Dieter, Steuerbilanzen - Rechnungslegung als Messung steuerlicher Leistungsfähigkeit, Wiesbaden 1978.

Schneider, Dieter, Bezugsgrößen steuerlicher Leistungsfähigkeit und Vermögensbesteuerung, FinArch 1979, S. 26-49.

Schneider, Dieter, Betriebswirtschaftliche Steuerlehre als Steuerplanungslehre oder als ökonomische Analyse des Steuerrechts?, in: Unternehmung und Steuer, Festschrift zur Vollendung des 80. Lebensjahres von **Peter Scherpf**, hrsg. v. **Fischer, Lutz**, Wiesbaden 1983, S. 21-37.

Schneider, Dieter, Der Einkommensbegriff und die Einkommensteuerrechtsprechung, FinArch 1984, S. 407-432.

Schneider, Dieter, Leistungsfähigkeitsprinzip und Abzug von der Bemessungsgrundlage, StuW 1984, S. 356-367.

Schneider, Dieter, "Lebenszeitbezogene Gleichmäßigkeit" als Fehlvorstellung zur Abschnittsbesteuerung, FinArch 1985, S. 470-477.

Schneider, Dieter, Verbesserung der Allokation durch Besteuerung unrealisierter Vermögenswertänderungen?, FinArch 1986, S. 224-240.

Schneider, Dieter, Allgemeine Betriebswirtschaftslehre, 3. Aufl., München 1987.

Schneider, Dieter, Marktwirtschaftlicher Wille und planwirtschaftliches Können: 40 Jahre Betriebswirtschaftslehre im Spannungsfeld zur marktwirtschaftlichen Ordnung, zfbf 1989, S. 11-43.

Schneider, Dieter, Reform der Unternehmensbesteuerung aus betriebswirtschaftlicher Sicht, StuW 1989, S. 328-339.

Schneider, Dieter, Einkommensteuer, Konsumsteuer und Steuerreformen, FinArch 1991, S. 537-557.

Schneider, Dieter, Investition, Finanzierung und Besteuerung, 7. Aufl., Wiesbaden 1992.

Schneider, Dieter, Ökonomische Theorie der Unternehmung, in: Ökonomische Analyse des Unternehmensrechts, hrsg. v. **Ott, Claus/Schäfer, Hans-Bernd**, Berlin Heidelberg 1993, S. 1-30.

Schneider, Dieter, Grundzüge der Unternehmensbesteuerung, 6. Aufl., Wiesbaden 1994.

Schneider, Dieter, Betriebswirtschaftslehre - Band 1: Grundlagen, 2. Aufl., München 1995.

Schneider, Dieter, Marketing-Wissenschaft als Lehre marktorientierter Unternehmensführung und betriebswirtschaftliche Strukturmerkmale für Wettbewerbsfähigkeit, in: Marktleistung und Wettbewerb, Festschrift für **Werner H. Engelhardt** zum 65. Geburtstag, hrsg. v. **Backhaus, Klaus/Günter, Bernd/Kleinaltenkamp, Michael/Plinke, Wulff/Rafee, Hans**, Wiesbaden 1997, S. 13-32.

Schneider, Dieter, Betriebswirtschaftslehre - Band 2: Rechnungswesen, 2. Aufl., München 1997a.

Schneider, Dieter, Betriebswirtschaftslehre - Band 3: Theorie der Unternehmung, München 1997b.

Schneider, Dieter, Das einkommensteuerliche Existenzminimum: Kein Problem alternativer Leistungsfähigkeitskonzeptionen, sondern ein Tarif- und Transferproblem - Stellungnahme zu Michael Wosnitza/Corinna Treisch: Leistungsfähigkeitskonzeptionen und steuerliche Behandlung des Existenzminimums, DBW 1999, S. 560-562.

Schneider, Dieter, Ist die Einkommensteuer überholt? - Kritik und Vorschläge, in: Einkommen versus Konsum - Ansatzpunkte einer Steuerreformdiskussion, hrsg. v. **Smekal, Christian/Sendlhofer, Rupert/Winner, Hannes**, Heidelberg 1999, S. 1-14.

Schneider, Dieter, Otto H. Jacobs' "Das Bilanzierungsproblem in der Ertragsteuerbilanz" und dessen Stellung in der Wissenschaftsgeschichte steuerlicher Gewinnermittlung, DB 2000, S. 1241-1246.

Schneider, Dieter, Mängel in der ökonomischen Begründung einer Steuerfreiheit für Kapitaleinkünfte, StuW 2000, S. 421-430.

Schneider, Dieter, Der Unternehmer - eine Leerstelle in der Theorie der Unternehmung?, ZfB Ergänzungsheft 2001, S. 1-20.

Schneider, Dieter, Betriebswirtschaftslehre - Band 4: Geschichte und Methoden der Wirtschaftswissenschaft, München 2001.

Schneider, Dieter, Steuerlast und Steuerwirkung - Einführung in die steuerliche Betriebswirtschaftslehre, München 2002.

Schneider, Dieter, Konzernrechnungslegung nach IAS als Besteuerungsgrundlage?, BB 2003, S. 299-304.

Schneider, Dieter, Steuervereinfachung durch Rechtsformneutralität?, DB 2004, S. 1517-1521.

Schneider, Dieter, Folgt die Tugend gewinnsteuerlicher Bemessungsgrundlagen den Zahlungsströmen? - Jochen Sigloch zur Vollendung des 60. Lebensjahres, StuW 2004, S. 293-304.

Schneider, Dieter, Franz W. Wagners Analyse des Maßgutproblems in ihren Folgen für Kapitalerhaltung, Geldentwertung und Gewinnbesteuerung, in: Steuern, Rechnungslegung und Kapitalmarkt, Festschrift für **Franz W. Wagner** zum 60. Geburtstag, hrsg. v. **Dirrigl, Hans/Wellisch, Dietmar/Wenger, Ekkehard**, Wiesbaden 2004, S. 163-176.

Schneider, Dieter, Dreierlei Einführungen in eine studienreformierte Betriebswirtschaftslehre, zfbf 2008, S. 601-611.

Schneider, Dieter, Steuerbetriebswirtschaftliche Gewinnermittlung statt des Entwurfs einer BilMoG-elpackung!, in: Steuerliche Gewinnermittlung nach dem Bilanzrechtsmodernisierungsgesetz, hrsg. v. **Schmiel, Ute/Breithecker, Volker**, Berlin 2008, S. 283-300.

Schneider, Dieter, „Finanzierungsneutralität der Besteuerung" als politischer Wunsch und als Widersprüchlichkeit in der erklärenden Theorie, oder: Quo vadis, Arqus?, zfbf 2009a, S. 126-137.

Schneider, Dieter, Erwiderung auf arqus, zfbf 2009b, S. 467-468.

Schneider, Dieter, Ein Jahrhundert Unmaßgeblichkeit des Maßgeblichkeitsgrundsatzes, in: Besteuerung, Rechnungslegung und Prüfung der Unternehmen, Festschrift für **Norbert Krawitz**, hrsg. v. **Baumhoff, Hubertus/Dücker, Reinhard/Köhler, Stefan**, Wiesbaden 2010, S. 705-722.

Schneider, Dieter, Betriebswirtschaftslehre als Einzelwirtschaftstheorie der Institutionen, Wiesbaden 2011.

Schneider, Dieter, Die Evolution zum ausschüttbaren Periodengewinn als bedingte spontane Ordnung, in: Rechnungslegung, Prüfung und Unternehmensbewertung, Festschrift zum 65. Geburtstag von **Wolfgang Ballwieser**, hrsg. v. **Dobler, Michael/Hachmeister, Dirk/Kuhner, Christoph/Rammert, Stefan**, Stuttgart 2014, S. 717-744.

Schneider, Erich, Sinn und Grenzen der quantitativen Wirtschaftsforschung, ZfgS 1952, S. 594-610.

Schneider, Eugen, Verbindung von Einkommensteuer und Vermögenssteuer mit Berücksichtigung der Steuerreformfrage in Württemberg, FinArch 1912, S. 70-111.

Schön, Wolfgang, Unternehmerrisiko und Unternehmerinitiative im Lichte der Einkommenstheorien, in: Steuerrechtsprechung, Steuergesetz, Steuerreform, Festschrift für **Klaus Offerhaus**, hrsg. v. **Kirchhof, Paul/Jakob, Wolfgang/Beermann, Albert**, Köln 1999, S. 385-403.

Schön, Wolfgang, Subjektive Tatbestandsmerkmale in der Einkommensermittlung, DStR-Beih. 2007, S. 20-23.

Schön, Wolfgang, Leitideen des Steuerrechts - oder: Nichtwissen als staatswissenschaftliches Problem, StuW 2013, S. 289-297.

Schwinger, Reiner, Einkommens- und konsumorientierte Steuersysteme - Wirkungen auf Investition, Finanzierung und Rechnungslegung, Heidelberg 1992.

Seeberg, Stella, Eigentum und Vermögen: Ein Beitrag zum Wandel ihrer Funktionen, JfNuS 1963, S. 501-542.

Seer, Roman, Einkünfteermittlung - Einführung und Rechtfertigung des Themas, in: Einkünfteermittlung, DStJG 34, hrsg. v. **Hey, Johanna**, Köln 2011, S. 1-9.

Seer, Roman, Erbschaft- und Schenkungsteuer (§§ 73 bis 100 BStGB), StuW 2013, S. 239-248.

Seibold, Felix, Der Tatbestand der Einnahmeerzielung unter besonderer Berücksichtigung der Einkünfte aus Kapitalvermögen, StuW 1990, S. 165-173.

Seiler, Christian, Prinzipien der Einkünfteermittlung - Objektives Nettoprinzip, in: Verluste im Steuerrecht, DStJG 28, hrsg. v. **Groll, Rüdiger**, Köln 2005, S. 61-89.

Shoup, Carl S., The Schanz Concept of Income and the United States Federal Income Tax, FinArch 1984, S. 433-444.

Siegel, Theodor, Existenzminimum und Leistungsfähigkeit - Diskussion des Beitrags von Michael Wosnitza und Corinna Treisch, DBW 1999, S. 558-560.

Siegel, Theodor, Konsum- oder einkommensorientierte Besteuerung? Aspekte quantitativer und qualitativer Argumentation, zfbf 2000, S. 724-741.

Siegel, Theodor, System der Einkommensteuer und Rechtsformneutralität, in: Steuern, Rechnungslegung und Kapitalmarkt, Festschrift für **Franz W. Wagner** zum 60. Geburtstag, hrsg. v. **Dirrigl, Hans/Wellisch, Dietmar/Wenger, Ekkehard**, Wiesbaden 2004, S. 193-208.

Siegel, Theodor, Einkommensteuer ohne oder Soziale-Wohlfahrt-Steuer mit Ehegattensplitting? Stellungnahme zu Cay Folkers, PWP 2005, S. 113-114.

Siegel, Theodor, Nutzensteigerung als Argument für die Konsumbesteuerung, in: Steuertheorie, Steuerpolitik und Steuerpraxis, Festschrift für **Peter Bareis** zum 65. Geburtstag, hrsg. v. **Siegel, Theodor/Kirchhof, Paul/Schneeloch, Dieter/Schramm, Uwe**, Stuttgart 2005, S. 359-378.

Siegel, Theodor, Rechtsformneutralität - ein klares und begründetes Ziel, in: Rechnungslegung, Eigenkapital und Besteuerung: Entwicklungstendenzen, Festschrift für **Dieter Schneeloch** zum 65. Geburtstag, hrsg. v. **Winkeljohann, Norbert/Bareis, Peter/Hinz, Michael/Volk, Gerrit**, München 2006, S. 271-290.

Siegel, Theodor, Ehegattensplitting und Leistungsfähigkeitsprinzip II, in: Ehegattensplitting und Familienpolitik, hrsg. v. **Seel, Barbara**, Wiesbaden 2007, S. 155-180.

Siegel, Theodor, Die Einkommensteuer in der Krise, in: Steuerbelastung - Steuerwirkung - Steuergestaltung, Festschrift zum 65. Geburtstag von **Winfried Mellwig**, hrsg. v. **Wehrheim, Michael/Heurung, Rainer**, Wiesbaden 2007, S. 413-446.

Siegel, Theodor, Steuern, Ethik und Ökonomie, BFuP 2007, S. 625-646.

Siegel, Theodor, Leistungsfähigkeitsprinzip und steuerliche Gewinnermittlung, in: Steuerliche Gewinnermittlung nach dem Bilanzrechtsmodernisierungsgesetz, hrsg. v. **Schmiel, Ute/Breithecker, Volker**, Berlin 2008, S. 301-331.

Siegel, Theodor, Zur Regulierung der Besteuerung: Dauerthema Steuerreform und der Reformentwurf „Bundessteuergesetzbuch“, in: Recht im ökonomischen Kontext, Festschrift zu Ehren von **Christian Kirchner**, hrsg. v. **Kaal, Wulf A./Schmidt, Matthias/Schwartze, Andreas**, Tübingen 2014, S. 1011-1038.

Sigloch, Jochen, Einkommensbesteuerung der Unternehmen - Stand und Perspektiven, in: Unternehmenstheorie und Besteuerung, Festschrift zum 60. Geburtstag von **Dieter Schneider**, hrsg. v. **Elschen, Rainer/Siegel, Theodor/Wagner, Franz W.**, Wiesbaden 1995, S. 673-702.

Söhn, Hartmut, Erwerbsbezüge, Markteinkommenstheorie und Besteuerung nach der Leistungsfähigkeit, in: Die Steuerrechtsordnung in der Diskussion, Festschrift für **Klaus Tipke** zum 70. Geburtstag, hrsg. v. **Lang, Joachim**, Köln 1995, S. 343-364.

Söhn, Hartmut, Der Dualismus der Einkunftsarten im geltenden Recht, in: Einkommen aus Kapital, DStJG 31, hrsg. v. **Schön, Wolfgang**, Köln 2007, S. 13-36.

Sokol, Jan, Was ist Geld?, zfwu 2004, S. 176-185.

Sölch, Otto/Ringleb, Karl, Umsatzsteuergesetz, Kommentar, Loseblatt, München 1953/2016 (Stand 78. Ergänzungslieferung September 2016).

Sprave, Hans-Volker, Der Kleinaktionär und die Einkommensteuer, BB 1992, S. 1825-1832.

Stackelberg, Heinrich, Die Grundlagen der Nationalökonomie. (Bemerkungen zu dem gleichnamigen Buch von Walter Eucken), WWA 1940, S. 245-286.

Steichen, Alain, Die Markteinkommenstheorie: Ei des Kolumbus oder rechtswissenschaftlicher Rückschritt?, in: Die Steuerrechtsordnung in der Diskussion, Festschrift für **Klaus Tipke** zum 70. Geburtstag, hrsg. v. **Lang, Joachim**, Köln 1995, S. 365-390.

Thielemann, Ulrich/Weibler, Jürgen, Betriebswirtschaftslehre ohne Unternehmensethik? Vom Scheitern einer Ethik ohne Moral, ZfB 2007, S. 179-194.

Thoma, Dieter, Die Theorie des Humankapitals zwischen Kultur und Ökonomie, zfwu 2006, S. 301-318.

Thuronyi, Victor, The Concept of Income, TLR 1990, S. 45-105.

Tipke, Klaus, Der Karlsruher Entwurf zur Reform der Einkommensteuer - Versuch einer steuerjuristischen Würdigung, StuW 2002, S. 148-175.

Tipke, Klaus, Die Steuerrechtsordnung - Band II, 2. Aufl., Köln 2003.

Tipke, Klaus, Mehr oder weniger Entscheidungsspielraum für den Steuergesetzgeber?, JZ 2009, S. 533-540.

Tipke, Klaus, Die Steuerrechtsordnung - Band III, 2. Aufl., Köln 2012.

Tipke, Klaus/Lang, Joachim, Steuerrecht, Kommentar, 22. Aufl., Köln 2015.

Treisch, Corinna, Die private Rentenversicherung im Einkommensteuerrecht - Historische Entwicklung - Systematische Einordnung - Neuregelung, Wiesbaden 1995.

Treisch, Corinna, Die private Leibrentenversicherung - Steuerbelastung bei alternativen Modellen der steuerlichen Einkommensmessung, BB 1997, S. 708-715.

Trzaskalik, Christoph, Vom Einkommen bis zu den Einkunftsarten - Marginalien zum steuertheoretischen Grundansatz von Klaus Tipke, in: Die Steuerrechtsordnung in der Diskussion, Festschrift für **Klaus Tipke** zum 70. Geburtstag, hrsg. v. **Lang, Joachim**, Köln 1995, S. 321-342.

Varga, Stefan, Freie und wirtschaftliche Güter, JfNuS 1960, S. 303-314.

Velte, Patrick, Entwicklung und Perspektiven des Maßgeblichkeitsprinzips - Das Ende eines deutschen Sonderwegs?, Ubg 2015, S. 265-328.

Venturini, Klaus, Einkommensbegriffe und Einkommensermittlung in den Transfergesetzen - Analyse, Kritik, Änderungsvorschläge, ifst-Schrift Nr. 252, Bonn 1985.

Vocke, Wilhelm, Die Grundzüge der Finanzwissenschaft - Zur Einführung in das Studium der Finanzwissenschaft, Hirschfeld 1894.

Vogel, Emanuel H., Die ökonomischen Grundbegriffe Kapital, Vermögen, Einkommen und Ertrag in Finanzwissenschaft und Steuergesetzgebung, ZfgS 1932, S. 437-480.

Voigt, Andreas, Die wirtschaftlichen Güter als Rechte, ARSP 1912, S. 304-316.

Voß, Reimer, Der Karlsruher Entwurf - Ein Weg nach vorn oder ein Weg in die Vergangenheit, ZRP 2003, S. 458-461.

Wagner, Adolph, Die Reform der direkten Staatsbesteuerung in Preussen im Jahre 1891, FinArch 1891, S. 1-76.

Wagner, Adolph, Grundlegung der politischen Ökonomie - Erster Theil: Grundlagen der Volkswirthschaft, 3. Aufl., Leipzig 1892.

Wagner, Franz W., Steuersystem und Unternehmenstheorie, in: Betriebswirtschaftslehre und Ökonomische Theorie, hrsg. v. **Ordelheide, Dieter/Rudolph, Bernd/Büsselmann, Elke**, Stuttgart 1991, S. 75-96.

Wagner, Franz W., Neutralität und Gleichmäßigkeit als ökonomische und rechtliche Kriterien steuerlicher Normkritik, StuW 1992, S. 2-13.

Wagner, Franz W., Eine Einkommensteuer muß eine konsumorientierte Steuer sein, in: Einkommen versus Konsum - Ansatzpunkte einer Steuerreformdiskussion, hrsg. v. **Smekal, Christian/Sendlhofer, Rupert/Winner, Hannes**, Heidelberg 1999, S. 15-36.

Wagner, Franz W., Welche Kriterien sollten die Neuordnung der steuerlichen Gewinnermittlung bestimmen?, BB 2002, S. 1885-1893.

Wagner, Franz W., Die real existierende Einkommensteuer ist eine konsumorientierte Besteuerung, in: Steuerpolitik - Von der Theorie zur Praxis, Festschrift für **Manfred Rose**, hrsg. v. **Ahlheim, Michael/Wenzel, Heinz-Dieter/Wiegard, Wolfgang**, Heidelberg 2003, S. 369-390.

Wagner, Franz W., Steuervereinfachung und Entscheidungsneutralität - konkurrierende oder komplementäre Leitbilder für Steuerreformen?, StuW 2005, S. 93-108.

Wagner, Franz W., Zu Meriten und Defiziten der Rechtskritik durch die Steuerwissenschaften, in: Kritisches zu Rechnungslegung und Unternehmensbesteuerung, Festschrift zur Vollendung des 65. Lebensjahres von **Theodor Siegel**, hrsg. v. **Schneider, Dieter/Rückle, Dieter/Küpper, Hans-Ulrich/Wagner, Franz W.**, Berlin 2005, S. 611-632.

Wagner, Franz W., Was bedeutet Steuervereinfachung wirklich?, PWP 2006, S. 19-33.

Wagner, Franz W., Warum haben Ökonomen das objektive Nettoprinzip erfunden, aber nicht erforscht?, StuW 2010, S. 24-32.

Wagner, Franz W., Warum der „Große Wurf“ weder möglich noch nötig ist, FR 2012, S. 653-667.

Wagner, Franz W., Der Homo Oeconomicus als Menschenbild des Steuerrechts, DStR 2014, S. 1133-1143.

Wagner, Franz W., „Message follows Method" - Wie beeinflussen Forschungsmethoden Perspektiven und Programm der Betriebswirtschaftlichen Steuerlehre?, StuW 2014, S. 200-213.

Wagner, Franz W., Betriebswirtschaftliche Unternehmenstheorien als Leitbilder der Ideale steuerlicher Gewinnermittlung, in: Rechnungslegung, Prüfung und Unternehmensbewertung, Festschrift zum 65. Geburtstag von **Wolfgang Ballwieser**, hrsg. v. **Dobler, Michael/Hachmeister, Dirk/Kuhner, Christoph/Rammert, Stefan**, Stuttgart 2014, S. 917-933.

Wagner, Franz W./Wenger, Ekkehard, Theoretische Konzeption und legislative Transformation eines marktwirtschaftlichen Systems in der Republik Kroatien, in: Regulierung und Unternehmenspolitik - Methoden und Ergebnisse der betriebswirtschaftlichen Rechtsanalyse, hrsg. v. **Sadowski, Dieter/Czap, Hans/Wächter, Hartmut**, Wiesbaden 1996, S. 399-418.

Waterkamp-Faupel, Afra, Die sonstige Leistung im Einkommensteuerrecht, FR 1995, S. 41-46.

Weber-Grellet, Heinrich, Steuern im modernen Verfassungsstaat - Funktionen, Prinzipien und Strukturen des Steuerstaats und des Steuerrechts, Köln 2001.

Weinberger, Otto, Friedrich Benedikt Wilhelm Hermann, ZfgS 1925, S. 464-519.

Wenger, Ekkehard, Gleichmäßigkeit der Besteuerung von Arbeits- und Vermögenseinkünften, FinArch 1983, S. 207-252.

Wenger, Ekkehard, Lebenszeitbezogene Gleichmäßigkeit als Leitidee der Abschnittsbesteuerung, FinArch 1985, S. 307-327.

Wenger, Ekkehard, Die Festlegung auf einperiodische Modelle steuerlicher Gleichmäßigkeit - eine Kapitulation vor der Problematik der Kapitaleinkommensbesteuerung, FinArch 1986, S. 258-272.

Wenger, Ekkehard, Das Leistungsfähigkeitsprinzip im Einkommensteuerrecht: Von Schwadroneuren usurpiertes Beutegut oder ökonomisch interpretierbare Leitlinie einer rational en Besteuerung?, in: Steuerpolitik - Von der Theorie zur Praxis, Festschrift für **Manfred Rose**, hrsg. v. **Ahlheim, Michael/Wenzel, Heinz-Dieter/Wiegard, Wolfgang**, Heidelberg 2003, S. 179-196.

Wernsmann, Rainer, Typisierung und Typusbegriff, DStR-Beih. 2011, S. 72-76.

Wesner, Peter, Wider das Steuerchaos: Transparenz, Konsequenz und Reduktion als Kriterien gerechter Besteuerung, in: Steuerbelastung - Steuerwirkung - Steuergestaltung, Festschrift zum 65. Geburtstag von **Winfried Mellwig**, hrsg. v. **Wehrheim, Michael/Heurung, Rainer**, Wiesbaden 2007, S. 531-544.

Westerfelhaus, Herwarth, Zwei-Stufen-Ermittlung zum bilanzierungsfähigen Vermögensgegenstand, DB 1995, S. 885-889.

Weyermann, Moritz, Sozialökonomische Begriffsentwicklung des Vermögens und Volksvermögens. (Zugleich als Beitrag zur volkswirtschaftlichen Güterlehre), JfNuS 1916, S. 145-214.

Wichmann, Gerd/Kemcke, Tom, Die Bedeutung des Bilanzrechtsmodernisierungsgesetzes (BilMoG) für die Steuerbilanz - eine kritische Betrachtung der bisherigen Rechtsanwendung, DStZ 2012, S. 514-524.

Wittmann, Rolf, Besteuerung des Markteinkommens - Grundlinien einer freiheitsschonenden Besteuerung, StuW 1993, S. 35-46.

Wöhe, Günter, Die Aufgaben der Betriebswirtschaftlichen Steuerlehre und das Postulat der Wertfreiheit, in: Unternehmung und Steuer, Festschrift zur Vollendung des 80. Lebensjahres von **Peter Scherpf**, hrsg. v. **Fischer, Lutz**, Wiesbaden 1983, S. 5-20.

Woll, Artur, Adam Smith - Gründe für ein erneutes Studium seiner Werke, ORDO 1998, S. 191-209.

Woratschek, Herbert, Die Typologie von Dienstleistungen aus informationsökonomischer Sicht, der markt 1996, S. 59-71.

Woratschek, Herbert, Neue Forschungsperspektiven im Dienstleistungsmarketing unter besonderer Berücksichtigung von Kooperation und Wettbewerb, in: Tendenzen im Dienstleistungsmarketing, hrsg. v. **Fließ, Sabine**, Wiesbaden 2003, S. 221-239.

Wosnitza, Michael/Treisch, Corinna, Leistungsfähigkeitskonzeptionen und steuerliche Behandlung des Existenzminimums, DBW 1999a, S. 351-368.

Wosnitza, Michael/Treisch, Corinna, Leistungsfähigkeitskonzeptionen und steuerliche Behandlung des Existenzminimums - Replik zu den Stellungnahmen von Bareis, Jachmann, Schneider und Siegel, DBW 1999b, S. 563-564.

Wotschofsky, Stefan, Gerechte Besteuerung nach der Leistungsfähigkeit im Einkommensteuerrecht, BuW 2002, S. 54-61.

Wueller, Paul H., Concepts of Taxable Income I, PSQ 1938, S. 83-110.

Zugmaier, Oliver, Der Begriff des Gewerbebetriebs in § 15 Abs. 2 S. 1 EStG - kein Merkmalsbegriff sondern Typusbegriff, FR 1999, S. 997-1000.

Zurwehme, Anikka, Wissensbilanzen, DBW 2008, S. 483-490.

VERZEICHNIS DER GESETZE

Abgabenordnung in der Fassung der Bekanntmachung vom 1. Oktober 2002 (BGBl. I S. 3866; 2003 I S. 61), die durch Artikel 3 Absatz 13 des Gesetzes vom 26. Juli 2016 (BGBl. I S. 1824) geändert worden ist.

Einkommensteuergesetz in der Fassung der Bekanntmachung vom 8. Oktober 2009 (BGBl. I S. 3366, 3862), das durch Artikel 3 des Gesetzes vom 8. Dezember 2016 (BGBl. I S. 2835) geändert worden ist.

Grundgesetz für die Bundesrepublik Deutschland in der im Bundesgesetzblatt Teil III, Gliederungsnummer 100-1, veröffentlichten bereinigten Fassung, das zuletzt durch Artikel 1 des Gesetzes vom 23. Dezember 2014 (BGBl. I S. 2438) geändert worden ist.

ENTSCHEIDUNGSREGISTER

Entscheidungen des Bundesverfassungsgerichts

Urteil vom 09.03.2009, 2 BvL 17/02, BVerfGE 110, S. 94-141.

Beschluss vom 12.05.2009, 2 BvL 1/00, BVerfGE 123, S. 111-131.

Beschluss vom 07.05.2013, 2 BvR 1981/06, BVerfGE 133, S. 377-443.

Entscheidungen des Bundesfinanzhofs

Beschluss vom 25.06.1984, GrS 4/82, BStBl II 1984, S. 751-768.

Urteil vom 27.09.1988, VIII R 193/83, BStBl II 1989, S. 414.

Urteil vom 02.12.1998, X R 83/96, BStBl II 1999, S. 534-539.

Urteil vom 13.12.1995, XI R 45/89, BStBl II 1996, S. 232-239.

Urteil vom 29.03.2001, IV R 88/99, BStBl II 2002, S. 791-793.

Urteil vom 16.05.2002, III R 9/98, BStBl II 2002, S. 571-575.

Urteil vom 24.08.2006, IX R 32/04, BStBl II 2007, S. 44-45.

Urteil vom 19.02.2009, IV R 10/06, BStBl II 2009, S. 533-537.

Urteil vom 11.11.2009, IX R 1/09, BStBl II 2010, S. 746-747.

Beschluss vom 15.03.2012, III R 30/10, BStBl II 2012, S. 661-665.

Urteil vom 16.09.2015, X R 43/12, BStBl II 2016, S. 48-54.